SOCIÉTÉ

DES

ARCHIVES HISTORIQUES

DU POITOU

ARCHIVES HISTORIQUES

DU POITOU

XLII

POITIERS

SOCIÉTÉ FRANÇAISE D'IMPRIMERIE ET DE LIBRAIRIE

6 ET 8, RUE HENRI-OUDIN

1920

LISTE GÉNÉRALE

DES MEMBRES

DE LA SOCIÉTÉ DES ARCHIVES HISTORIQUES DU POITOU

ANNÉE 1920.

Membres titulaires :

MM.

AUDOUIN, professeur à la Faculté des lettres, à Poitiers.

BEAUCHAMP (Pierre de), à Poitiers.

BEAUCHET-FILLEAU (Paul), à Chef-Boutonne.

BONNET (E.), conseiller général des Deux-Sèvres, à Poitiers.

BRUNEL, professeur à l'Ecole des Chartes, à Paris.

CELIER (Léonce), archiviste aux Archives nationales, à Paris.

CESBRON (Paul), à Breuil-Chaussée (Deux-Sèvres).

DELIQUET (Th.), chef de bataillon d'infanterie en retraite, à Poitiers.

GINOT (Émile), bibliothécaire de la ville, à Poitiers.

GRANDMAISON (L. DE), ancien archiviste de l'Indre-et-Loire, à Tours.

LELONG (Eugène), professeur à l'Ecole des Chartes, à Paris.

MARTINIÈRE (Jules MACHET DE LA), archiviste du Morbihan, à
Vannes.

MÉNARDIÈRE (DE LA), ancien professeur à la Faculté de Droit, à
Poitiers.

MONSABERT (Dom P. DE), à Chevetogne (Belgique).

MUSSET (G.), bibliothécaire de la ville, à La Rochelle.

POULIOT (Maurice), avocat à Poitiers.

RAMBAUD (P.), pharmacien en chef des Hôpitaux, à Poitiers.

MM.

RAVEAU (P.), à Poitiers.

SAINT-SAUD (Cte DE), à La Roche-Chalais (Dordogne).

SAUZÉ DE LHOUMEAU (Charles), ancien magistrat, à Ferrières (Deux-Sèvres).

TESTAUD (Georges), professeur à la Faculté de Droit, à Poitiers.

VIGUÉ (Paul), directeur au Grand Séminaire, à Poitiers.

Membres honoraires :

MM.

ARNAULDET (Pierre), à Alfortville (Seine).

AUBRUN (Marc), à la Trimouille.

AYMER DE LA CHEVALERIE (Cte), à la Planche de Vivonne.

CARS (Duc DES), à Sourches (Sarthe).

DESMIER DE CHENON (Mis), à Domezac (Charente).

DUBOIS (Auguste), professeur à la Faculté de Droit, à Poitiers.

FROMANTIN, administrateur délégué de la Société française d'Imprimerie et de Librairie, à Poitiers.

GRIMAUD (Marcel), banquier, à Paris.

GRIMOUARD (Vte Henri de), à Vouneuil-sur-Vienne.

HORRIC DE LA MOTTE SAINT-GENIS (Mis), à Goursac (Charente).

LA LANDE LAVAU SAINT-ÉTIENNE (Vte DE), à Neuvillars (Haute-Vienne).

MASCUREAU (Mis DE), à Poitiers.

MORANVILLÉ (H.), à Paris.

PALLU DU BELLAY (Joseph), à Poitiers.

PIERREDON (Cte de), à la Roche de Gençay.

Bureau :

MM.

GINOT, président.

DUBOIS, secrétaire.

DELIQUET, trésorier.

DE LA MÉNARDIÈRE, membre du Comité.

RAMBAUD,   id.

RAVEAU,   id.

EXTRAIT

DES PROCÈS-VERBAUX DES SÉANCES DE LA SOCIÉTÉ DES ARCHIVES

PENDANT L'ANNÉE 1919.

En 1919, la Société des Archives s'est réunie une seule fois, le 6 mai. Elle a admis comme membre titulaire M. le Chanoine Vigué, directeur au Grand Séminaire de Poitiers ; comme membre honoraire M. Pierre de Beauchamp ; elle a perdu M. Arsène Lecointre, membre honoraire depuis 1889.

Publications. — Le tome XLII contient l'inventaire des biens meubles de Gillet Bouchet, gouverneur de Châtellerault (1473) et des Miscellanées.

Travaux en cours. — Le tome XLIII contiendra un dictionnaire des artistes Poitevins et des documents sur l'Histoire des Arts en Poitou, par M. Rambaud.

Renouvellement du bureau. — Ont été réélus MM. GINOT, président ; DUBOIS, secrétaire ; DELIOUET, trésorier ; DE LA MÉNARDIÈRE, RAMBAUD et RAVEAU, membres du comité.

INVENTAIRE DES BIENS MEUBLES

DE

GILLET BOUCHET

GOUVERNEUR DE CHATELLERAULT

(16 juin 1473)

PUBLIÉ PAR

MM. L'ABBÉ LEGROS ET ARTHUR LABBÉ

INTRODUCTION

La Société des Archives historiques du Poitou doit la communication de cet Inventaire à M. l'abbé Legros, curé d'Arçonnay (Sarthe), qui, sans y avoir été sollicité, a eu la bonne pensée de nous adresser le manuscrit qui était entre ses mains et la copie qu'il en avait faite. Chargé par notre président, en ma qualité de Châtelleraudais, de transcrire et d'annoter cette pièce, je tiens à remercier personnellement mon aimable collaborateur, qui m'a facilité la tâche et indiqué les sources où j'ai puisé les renseignements que je vais donner sur les personnages dont il est question dans cette publication.

L'original a été extrait du chartrier de Maleffre, seigneurie du pays du Maine ayant appartenu pendant plusieurs siècles à la famille Bouchet ou du Bouchet. Il forme un cahier de fort papier in-folio, contenant 38 feuillets, parfaitement conservé, et dont la lecture ne présente d'autres difficultés que les abréviations qui se rencontrent presque à chaque mot. Le papier, qui a pour filigrane un écu portant une fleur de lys surmontée d'un lambel, avec au-dessus une croix accompagnée de deux clous de la passion, n'a pas souffert, et l'encre n'a nullement blanchi. Sur la couverture en parchemin, on a écrit à une époque plus récente, au xvie siècle ; *16 juin 1473. Malesfc. Inventoyre des biens meubles de feu Gillet Bouchet. 3 pièces. Cottée EE.*

Ce document est intéressant à cause de son ancienneté, de la désignation de certains objets sous des noms en partie disparus ou usités seulement à la campagne, et de l'évaluation de ces objets à une époque fort éloignée de la nôtre.

L'acte porte la date du 16 juin 1473 et les signatures d'Aymer de Morry, juge de Châtellerault, et de P. Laurens, son greffier. Il contient l'inventaire des biens meubles existant au décès de Gille

Bouchet, maître d'hôtel de Monseigneur le comte du Maine et gouverneur de Châtellerault.

J'aurais été heureux de découvrir dans nos archives locales d'autres pièces concernant ce personnage peu connu. Je n'ai trouvé aux Archives de la Vienne qu'un contrat d'échange passé à Châtellerault le 14 octobre 1462 entre R. P. Jehan Briant, abbé de la Celle de Poitiers, et Gillet Bouchet, argentier de très haute princesse Madame la comtesse du Maine et gouverneur de la ville et vicomté de Châtellerault. Ce texte sera publié en appendice à la suite de l'Inventaire.

L'abbé Lalanne, dans son *Histoire de Châtelleraud*, a inscrit le nom de Gilles Bouchet sur la liste des gouverneurs de cette ville avec la date de 1467, sans autre indication. M. Beauchet-Filleau, dans son *Dictionnaire des anciennes familles du Poitou*, l'a aussi fait figurer dans les noms isolés à l'article *Bouchet*. Ces deux auteurs avaient eu sans doute connaissance de l'acte dont je viens de parler. Cette absence de documents s'explique tout naturellement. La famille Bouchet était originaire du Maine, et Gillet Bouchet n'a pas dû faire à Châtellerault un bien long séjour. Après sa mort, ses enfants s'empressèrent de retourner au pays natal.

Je n'entreprendrai pas de donner ici une généalogie complète de la maison du Bouchet : cela ne rentre pas dans mon cadre. On trouvera tous les renseignements que l'on peut désirer dans les deux publications faites par M. le duc des Cars et M. l'abbé Ledru [1]. J'emprunterai seulement à ce travail très sérieux ce qui touche de près à notre gouverneur.

Gilles ou Gillet Bouchet était fils de Jean Bouchet, avocat en cour laye, lieutenant à Villaines-la-Juhel (Mayenne), puis lieutenant au Mans « en office de sénéchal », et de Jeanne de Marcillé. Jean Bouchet n'était pas seulement un homme de loi, il était aussi un financier très habile. Il sut accroître par d'heureuses spéculations la fortune déjà considérable qu'il avait recueillie de ses parents et celle qui lui venait de sa femme. Voici le portrait qu'en a tracé l'abbé Ledru dans sa brochure, *les Bouchet de Sourches* :

« Du temps de son premier mariage, Jean Bouchet avait acquis de Michel de Launay et de sa femme, héritière d'Olivier, seigneur

---

1. *Le château de Sourches au Maine et ses seigneurs*, par le duc des Cars et l'abbé A. Ledru. Paris et Le Mans, 1887, in-8º. — *La famille Bouchet de Sourches*, par l'abbé A. Ledru, Laval, 1890, in-8º de 53 pages, tiré à 50 ex.

de Prez, les terres des Fossez, de Champfremont, et l'importante
seigneurie de Maleffre avec droit de basse, moyenne et haute
justice, terres « assises au pays occupé par les Angloys ». Quelques années plus tard, Guillaume de Launay, fils de Michel, avait
le malheur de tomber entre les mains des ennemis de la France.
Le pauvre écuyer, mieux habitué au maniement de l'épée qu'aux
opérations financières, ne savait où trouver la somme qui devait
le rendre à la liberté. Dans son embarras, il eut recours à Jean
Bouchet. Celui-ci, qui avait déjà secouru le père, vint en aide au
fils. Pour reconnaître ce service, Guillaume de Launay ratifia la
vente des Fossez, de Champfremont et de Maleffre. De plus, le 24 janvier 1440 et le 6 mai 1445, il donna à son soi-disant libérateur
certaines rentes que lui devaient Michel de Marcillé, seigneur de
Saint-Julien du Terroux, Jean Poisson et le seigneur de Saint-
Georges-le-Gaultier ; lui accorda, par acte du 11 juin 1446, « féaige
et usaige en ses boys de Prez et de la Plesse », ne demandant en
retour « qu'ung chappeau de rouses à troys rangs, chacun an,
au jour de la Saint-Jehan-Baptiste », et lui céda le domaine de
la Motte dans la paroisse de Gesvres. Comme on le voit, Jean
Bouchet savait dépouiller ses débiteurs non seulement sans les
faire crier, mais en leur persuadant qu'ils restaient ses obligés.
Guillaume de Launay, particulièrement, tout en aliénant son pa-
trimoine, reconnaissait « *les grands et bons plaisirs* que lui avoit
faiz au temps passé honorable homme et saige Jehan Bouchet,
advocat en court laye, comme de l'avoir délivré et mis hors des
mains des Anglois [1]».

Devenu veuf, Jehan Bouchet avait épousé en secondes noces
Aliette de Mézerette, veuve de Jean Boudan, fille de Jean de
Mézerette, avocat en cour laye, et de Catherine de Saint-Denis. Un
partage fait le 1er janvier 1444, entre les co-héritiers de ses beaux-
parents, assura à Jehan Bouchet la possession de « dix-neuf ou
vingt terres, la plupart seigneurialles », dans les paroisses de Chas-
sé, Roullée, Piacé, René, Montigny, les Mées, Vernie, Montreuil,
Saint-Christophe-du-Jambet, Moitron et Beaumont[2]. Jehan Bouchet
mourut en 1465, laissant de son premier mariage quatre enfants :
Gilles, son fils aîné, seigneur de Maleffre, Guillaume, chef de
la maison de Sourches, Ambroise, mariée à Gervaise Ferrequin,
seigneur de Roufrançois, et Michelette, mariée à Jean II du Bailleul;

---

1. *Arch. de la Sarthe*, E. 300.
2. *Le château de Sourches et ses seigneurs*, p. 101, 348, 350.

et de sa deuxième union : Blaise, qui fut prêtre et seigneur de Toussaint en Ségrie, Catherine, Jeanne et Gérarde, femmes de Jean de Lambarre, de Jean Couvé et deJean Poisson, seigneur du Coudray.

Les renseignements que j'ai pu recueillir sur Gilles Bouchet sont malheureusement très incomplets. Peut-être aurait-on trouvé dans les archives de Sourches ou de Maleffre des papiers intéressants : mais il ne m'a pas été possible d'en avoir communication. Je suis donc réduit à prendre dans l'inventaire que j'ai la bonne fortune de mettre au jour, les seules notes permettant de se faire une idée, très vague il est vrai, du personnage en question. Bien des points resteront obscurs. Et d'abord, j'ignore où et quand est né Gillet Bouchet, et à quelle époque il devint gouverneur de Châtellerault. D'après une lettre relatée dans l'inventaire et datée du 14 juin 1436, le gouverneur était alors Guillaume Bouyn : celui-ci baillait et arrentait à Gillet Bouchet une pièce de terre située en la paroisse de Senillé[1]. Cela ferait croire que Gillet Bouchet était déjà installé dans le Châtelleraudais et y possédait des biens.

D'après l'abbé Lalanne, le gouverneur de Châtellerault aurait été en 1450 Aimery de Brisay, maître d'hôtel du comte du Maine, grand maître des eaux et forêts en Poitou ; puis, en 1456, Louis du Puy, seigneur du Couldray, sénéchal de la Marche, chambellan des rois Charles VII et Louis XI. Enfin en 1467, il aurait été remplacé par Gillet Bouchet. Cette dernière date n'est pas exacte, puisque dans le contrat d'échange fait avec l'abbé de la Celle de Poitiers, le 13 octobre 1462, Gillet Bouchet est qualifié « argentier de très haulte princesse madame la contesse du Maine et gouverneur de la ville et viconté de Chastellerault ». Aucun fait marquant, à ma connaissance, ne s'est passé durant le temps que Gillet Bouchet a rempli ces fonctions. Notre gouverneur paraissait du reste plus occupé de ses affaires personnelles que de toute autre chose. Les opérations financières, qui avaient si bien réussi à son père, le tentaient. Il voulut l'imiter, et jusqu'à la formule employée dans les actes, les procédés étaient les mêmes.

Dans cette paroisse de Senillé, qui semble avoir été le pays de prédilection de Gillet Bouchet, vivait, au xve siècle, un nommé Jenin Quatrehommes, dit de la Chambre, qualifié noble dans quelques actes mentionnés à l'Inventaire, et qui, comme les

---

1. *Inventaire,* p. 43.

Bouchet, exerçait la profession très lucrative de prêter aux nobles dans l'embarras. Il avait acquis de la sorte plusieurs maisons à la ville et de nombreuses propriétés à la campagne. Parmi ses clients figuraient de très grands seigneurs. Le vicomte de Châtellerault lui-même, Jehan, comte d'Harcourt et d'Aumale, « par consideracion des *bons et agreables services* que lui avait faitz Jenin Quatrehommes », lui donnait, par lettre en date du 4 janvier 1438, son hôtel du Brueil, sis en la paroisse de Leigné-les-Bois, « appartenant au dit seigneur comte par suite de la mort de Perrot de Chastellerault[1] ». Par un autre acte du 19 juillet 1435, Pierre Gannes, écuyer, et Jehanne Dizée, sa femme, vendaient à Jenin Quatrehommes l'hôtel de la Forge, assis en la paroisse de Senillé.

Comme on le voit, la fortune de Jenin Quatrehommes devait être assez considérable. Elle passa tout entière entre les mains de Bouchet. Par acte en date du 13 août 1467, Jenin Quatrehommes et Jehanne Herberde, sa femme, baillèrent à noble homme Gil'et Bouchet leurs hôtels de Leigné-les-Bois et de Monthoiron et leurs autres domaines et héritages pour la ferme ou rente perpétuelle de 15 livres tournois ; puis, le 14 mai 1470, ils lui donnèrent à perpétuité « tous leurs douaires et héritages étant en la vicomté de Chastellerault et au pays de Poitou ». Ce jour même, Jenin Quatrehommes mourait, et sa veuve, « pour les services qui lui avaient été faitz par noble homme Gillet Bouchet », lui donnait tous ses biens meubles[2].

Durant son séjour à Châtellerault, Gillet Bouchet avait épousé Marguerite Desmons, d'une famille noble du Châtelleraudais, et probablement fille de Jehan Desmons, notaire. Il en eut plusieurs enfants. Une pièce trouvée dans le chartrier de Sourches et publiée par le duc des Cars et l'abbé Ledru va nous renseigner sur ce point. Dans un acte passé à Châtelleraut le 1er mai 1472, « Marguerite Des Mons, vefve de feu noble homme Gillet Bouchet, escuier, en son vivant gouverneur de la ville et viconté de Chastellerault pour très hault et puissant prince monseigneur le conte du Maine, viconte dudit lieu », expose que, « puis peu de temps en ça, led. feu son mary estoit allé de vie à trespas ; et estoit demouré du deceps dud. feu et d'elle plusieurs enffens,

---

1. *Inventaire*, p. 47.
2. *Inventaire*, p. 32.

dont il y en a qui sont eagé [1], et aussi qui sont en minorité et bas eage ; nommez lesditz enffens estans en bas eage, *Katherine*, eagée de dix ans ou environ, *Pierre*, eagé de neuf ans ou environ, et *Ysabeau*, eagée de deux ans ou environ, et du postume ou postumes effans encores à naistre, requerant lad. vefve avoir la tutelle des corps et biens desd. myneurs ». Le juge, trouvant que ladite veuve était *suffisante* et faisant droit à sa requête, déclara Marguerite Des Mons « tuteresse naturelle desd. myneurs [2] ».

La Chesnaye-Desbois fait donc erreur quand il affirme que Gilles du Bouchet contracta mariage avec Marguerite Des Mons, le 14 février 1463. Quant à la date de la mort de notre gouverneur dans les premiers mois de l'année 1472, elle est confirmée par deux aveux relatés dans l'Inventaire [3]. Le 4 juin 1472, Marguerite Desmons, veuve de Gillet Bouchet, comme tuteresse de ses enfants mineurs, rendait hommage au seigneur du Bornais pour différents morceaux de terre ; et le 6 juin de la même année, Marguerite Desmons, tant en son nom que comme tuteresse de ses enfants mineurs, rendait aveu à messire Charles de Nouroy, à cause de sa seigneurie de Monthoiron, à foy et hommage plein au devoir de 5 sols aux Joyaux aides pour le lieu appelé le Brueil en la paroisse de Leigné-les-Bois.

Il y a tout lieu de croire que Marguerite Desmons, devenue veuve, continua à habiter son pays d'origine et y finit ses jours. Mais son fils Pierre ne tarda pas à retourner au Maine. Il s'y maria le 13 février 1485 avec Catherine de Saint-Rémy, fille de Jehan de Saint-Rémy, escuier, seigneur de Montigné, Flée et de Courtoussaincts : dans l'acte de mariage, il prend les titres de seigneur de Maleffre, de noble et d'écuyer. Il s'installa au château de Maleffre et y fit des agrandissements.

La noblesse de la famille Bouchet ne remonte pas au delà de la fin du xve siècle. Jean Bouchet n'est jamais qualifié noble ou écuyer dans les titres anciens. C'est dans les dernières années de sa vie seulement, que la terre de Maleffre lui fut définitivement attribuée et qu'il en devint le seigneur. Il comparut, le 6 décembre 1458, devant les commissaires des francs-fiefs pour le roi au comté du Maine, « pour bailler la déclaration des choses

---

1. En particulier, Louise, mariée à cette époque avec Jean Faure.
2. *Le château de Sourches au Maine et ses seigneurs*, p. 294 et 295.
3. *Inventaire*, p. 54.

qu'il tenoit noblement », et fut taxé à la somme de 300 livres tournois ; mais il n'eut pas à faire les frais de cette condamnation. On voit dans l'Inventaire que, le 22 mai 1459, le comte du Maine fit don de ces 300 livres à Gillet Bouchet, *« pour les bons et agreables services qu'il lui avoit faitz »*, et que ce dernier les paya lui-même auxdits commissaires pour le compte de son père [1]. A la mort de Jean Bouchet, son fils aîné prit le titre de seigneur de Maleffre et se qualifia noble et écuyer. Quant à l'adjonction du mot *du* au nom patronymique, elle semble être le fait de Guillaume, chef de la branche de Sourches. Il faut voir là une prétention exagérée d'affirmer sa noblesse, et peut-être l'idée d'une communauté d'origine, qui n'est pas fondée, avec l'ancienne maison du Bouchet. Quoi qu'il en soit, l'usage a prévalu, et les descendants de Jean et de Gilles Bouchet se sont désormais appelés du Bouchet.

Si les titres nobiliaires des Bouchet ne sont pas de premier ordre, les honneurs et la fortune ne leur ont pas fait défaut.

Dans un document du xvi⁰ siècle, on lit : « Gilles et Guillaume les Bouchetz, fils de Jean et de Jeanne de Marcillé, dont l'ung estoit lors maistre d'hostel du conte du Mayne, l'autre connestable du Mans, qui vault aultant à dire que maire. » Par ailleurs, on trouve dans l'*Inventaire des titres de la Chambre des Comptes du Mans,* conservé aux Archives de la Sarthe, que Gillet Bouchet était secrétaire et argentier de Mᵐᵉ la comtesse du Maine en 1460 et 1466 [2]. L'Inventaire constate qu'il se trouvait chez Gillet Bouchet à son décès « vingt comptes de l'argenterie de feue madame du Maine, dont cinq en papier qui sont clos, dix en parchemin qui sont pareillement clos, et cinq autres en parchemin, qui ne sont point clos, lesquels vingt comptes sont reliez et cousuz en une peau de parchemin doublée [3] ». On voit que les fonctions dont était investi notre gouverneur n'étaient pas purement honorifiques.

C'est le 17 décembre 1445, que Charles d'Anjou, premier du nom, comte du Maine, entra en possession de la vicomté de Châtellerault, par suite de l'échange que Jean VII, comte d'Harcourt, lui en fit contre la seigneurie de la Ferté-Bernard. Le nouveau vicomte était un des personnages les plus notables de son

---

1. *Inventaire,* p. 77.
2. *Le château de Sourches et ses seigneurs,* p. 295.
3. *Inventaire,* p. 82.

temps ; il appartenait à cette maison d'Anjou, la plus riche maison princière du xve siècle, qui avait comme monopolisé le trafic de l'argent dans ses caisses [1]. Tout jeune encore — il avait à peine vingt ans — il se fit remarquer par le roi Charles VII, son beau-frère, qui le nomma surintendant de ses finances à la place de Georges de la Trémoille. Par son habileté et son intégrité, il sut de plus en plus gagner la confiance du monarque. Il devint son fidèle compagnon dans les guerres qu'il eut à soutenir à cette époque et contribua à chasser les Anglais du comté du Maine qu'ils détenaient en leur pouvoir. Au milieu de ces graves préoccupations, le jeune seigneur n'oublia pas les intérêts de sa vicomté. Il fit réparer, pour l'habiter, le château qu'un des derniers comtes d'Harcourt avait fait bâtir, et Châtellerault vit s'établir dans ses murs une petite cour princière. Le second mariage de Charles d'Anjou avec Isabelle ou Isabeau de Luxembourg, fille de Pierre de Luxembourg, comte de Saint-Pol et de Brienne, qui eut lieu le 9 janvier 1443, aida à rendre cette résidence plus agréable. Isabelle de Luxembourg se plaisait à Châtellerault, elle y fit d'assez longs séjours et installa sa maison avec le luxe que comportait son immense fortune.

Une famille de noblesse châtelleraudaise, celle des Brisay, partagea, avec les Bouchet, les faveurs du vicomte et de la vicomtesse.

Aimery de Brisay fut, en 1442, maître d'hôtel du comte du Maine, puis écuyer d'écurie du roi. Ayant rendu de grands services au roi Charles VII et à René d'Anjou, il fut nommé gouverneur de Châtellerault, puis, le 8 décembre 1453, grand maître des eaux et forêts du Poitou [2].

Un autre, Jehan de Brisay, seigneur de Brisay, de Saint-Germain, d'Availles et d'Estillé, fut un des assidus de la petite cour de Châtellerault. Il donna sa fille aînée, âgée de 15 à 16 ans, comme dame d'honneur à la comtesse Isabelle de Luxembourg, et plaça dans l'hôtel du prince son plus jeune enfant pour y être élevé page de Monseigneur le comte du Maine. Le 12 juin 1462, il assista au mariage de Louise d'Anjou, fille aînée de Charles et d'Isabelle, avec Jacques d'Armagnac, duc de Nemours, célébré en grande pompe dans la cathédrale de Poitiers.

---

1. *Histoire de la maison de Brisay depuis le IXe siècle jusqu'à nos jours*, par le marquis de Brisay, 2e partie, p. 405.
2. Beauchet-Filleau, *Dictionnaire des familles du Poitou*, 2e édition, t. I, p. 794.

En 1446 ou 1447, Jehan de Brisay avait marié sa fille
Catherine, âgée de 16 ou 17 ans, avec Louis de Valory, gentilhomme provençal, venu en Anjou à la suite du roi René. Il servait depuis quelques années en qualité d'écuyer dans la maison
du comte du Maine, et fut nommé son maître d'hôtel à l'occasion
de son mariage. Il reçut en outre de ce prince une gratification
de 1.000 écus d'or. Catherine, sa femme, demeura auprès de la
comtesse, qu'elle paraît avoir suivie dans ses diverses résidences,
à Châtellerault, à Angers, à Paris, en Provence et ailleurs [1].

Louis de Valory dut mourir jeune, car en 1448 le comte du
Maine céda à son nouveau maître d'hôtel, Huguet de Billé (Billy),
écuyer, d'une famille ancienne du Mirebalais, et à Jeanne
Rouhault, sa femme, les terres de Thuré, Saint-Christophe et la
Tour d'Oiré, cession confirmée par lettres patentes en date de
juin 1452 [2].

On n'est pas d'accord sur la date de la mort de Charles d'Anjou.
Des auteurs le font mourir au mois de mai 1473, mais cette opi-
nion paraît être erronée. D'après une épitaphe en prose qui se
voit dans l'église Saint-Julien du Mans, le décès aurait eu lieu,
le 1er avril 1472, à Aix en Provence, d'où le corps fut transporté
au Mans. Sa femme, Isabelle de Luxembourg, le suivit de près
dans la tombe. « L'extrait des Mémoires de l'église collégiale de
Châtellerault porte que madame la vicomtesse Ysabel de Luxembourg fit cette année (1472) son testament, par lequel elle légua à
lad. église vingt livres et 8 septiers de froment de rente et plusieurs ornements [3]. » Elle dut mourir peu de temps après, puis-
qu'elle était décédée lorsqu'on procéda à l'inventaire du 16 juin
1473.

Je ne reviendrai pas sur la fortune qu'avait pu laisser Gillet
Bouchet à son décès. L'inventaire de ses papiers, qui ne comprend pas moins de 200 pièces, donne à cet égard des renseignements très détaillés. Notre gouverneur, comme je l'ai dit, possédait d'importantes propriétés rurales, principalement dans les
paroisses de Senillé et de Leigné-les-Bois ; il en avait aussi à
Mézières en Brenne dans le Berry. Il devait avoir également dans

---

1. *Histoire de la maison de Brisay*, 2e partie, p. 416.
2. *Archives historiques du Poitou*, t. XXXII, p. 16 et 289.
3. Mémoires manuscrits du R. P. Fleury, religieux minime de
Châtellerault (1654). Coll. dom Fonteneau. *Bibliothèque de Poitiers*,
t. XXXIV, f° 127.

la ville un logement confortable, mais rien n'indique dans quel quartier il se trouvait. Son mobilier, sans être luxueux, était celui d'un bourgeois aisé. Sa bibliothèque — chose rare pour l'époque — se composait de dix-neuf manuscrits, dont il est curieux de lire la description dans l'acte que nous publions. Je citerai seulement deux Boccace et un volume « avec ymages dedans ». Bouchet devait être en même temps qu'un administrateur habile, un homme intelligent et instruit. Le choix de ses livres témoigne de ses goûts littéraires.

Je ferai remarquer, en terminant, que l'inventaire portant la date du 16 juin 1473 a été fait plus d'un an après la mort de Bouchet. J'ignore pour quelles raisons.

A. Labbé.

Inventoyre des biens meubles demourés du deceps
de feu honnorable homme Gillet Bouchet, en son
vivant maistre d'ostel de très puissant prince
Monseigneur le conte du Maine, viconte dudit
lieu de Chastellerault, et gouverneur dudit lieu
pour mondit seigneur. fait par nous Aymer de
Morry, licencié ès loix, conseiller du Roy nostre
seigneur en sa court de Parlement à Poictiers, juge
de Chastellerault pour mondit seigneur, appellé
avecques nous Gabriel Nepveu, juré noctaire de
court seculière ; lesquelx ditz biens meubles cy
dessoubz nommez et declairez ont esté prisez et
advalluez par Jehan Grasteau, Perrine Laurende
vefve de feu maistre Jehan Des Mons et Jehanne
Chandelliere vefve de feu Méry Laurens, le xvie jour
de juing mil iiiie lxxiii.

Premierement en la chambre haulte de davant regar-
dant sur la rue a deux grans coffrez de bois enchassillez,
l'un de six piez et l'autre de cinq piez ferrez, lesquelx ont
esté prisez à la somme (de) cent solz.

Item ung grant coffre ferré couvert de cuir ferré à
barres de quatre piez, prisé   iiii l. ii s. vi d.

Item ung buffect ferré à deux guichetz, lequel a esté
prisé à la somme de   xxx s.

Item ung grant chaslit enchassilly presque neuf et une
petite couchete telle quelle, prisez   quarente solz.

Item ung banc tourneys enchassillé, lequel a esté prisé
       quinze solz.

Item quatre petiz coffretz telz quelz, prisez   vingt solz.

Item ungs petiz landiers, prisez   dix solz.

Item deux tresteaulx, une table, prisez   dix solz.

Item une coiste garnie de coiste, coissin, couverte et lodier[1], et une petite coiste de couchete garnie de coissin, couverte, le tout prisé   sept l. tz.

Item ung ciel de lit et trois cortines telles quelles, prisez   trente solz.

Item six gros tabliers[2] à l'œuvre de Venise de trois aulnes et demye de long et de v cartiers de large, prisez l'aulne   sept solz vi d.

Item sept tabliers, à lad. œuvre de Venise, chacun de trois aulnes et demye de long et de v cartiers de large, prisez chacune aulne   sept solz vi d. tz.

Item six autres tabliers, dont il y en a quatre à l'œuvre de Lucques, et deux à l'œuvre de Pavye, de chacun trois aulnes et demye, prisez l'aulne   xv solz.

Item six grans longicres[3] ouvrées à l'œuvre de Pavye contenant chacune trois aulnes et demye de long, prisé chacune aulne   dix solz.

Item vingt troys grosses longieres ouvrées de trois aulnes et demye, dont il en y a quinze à l'œuvre de Venise et viii à l'œuvre de Lucques, prisé l'aulne   v s.

Item cincq xii[nes] et demye de longieres ouvrées, trois xii[nes] et demye Venise et deux xii[nes] à Lucques, lesquelles deux xii[nes] sont telles quelles, prisé l'aulne des d. trois xii[nes] et demye, à Venise à   ii s. vi d.

---

1. *Lodier*, couverture de lit faite de coton ou de laine piquée entre deux toiles. (Lalanne, *Glossaire du patois poitevin.*)

2. *Tablier*, nappe de dimension égale à celle du plateau de la table et ne retombant pas autour. (A. Lebault, *La table et le repas à travers les siècles.*)

3. *Longière, longère*, essuie-mains. (Lalanne, *Glossaire du patois poitevin. — Inventaire du château de Thouars du 2 mars 1470* publié par B. Ledain.)

On appelait longière une nappe supplémentaire très longue, peu large et qui placée en bordure autour de la table servait aux convives à s'essuyer la bouche et les mains. Les buffets en étaient également pourvus pour le service de la vaisselle et des vases à boire. (A. Lebault, *La table et le repas à travers les siècles*, p. 364.)

l'aulne, et lesd. deux xii[nes] qui sont de Lucques, prisé

v s. l'aulne.

Item viii draps de lit de quatre toilles de lin, dont il en y a ung bien fort de lye, prisez l'un portant l'autre le tout à

xxiiii l.

Item quatre draps de lit de lin chacun de cincq aulnes de long, à iv s. ii d. l'aulne.

Item trente et trois draps de lit de trois toilles chacun drap, dont il en y a de gros lin xxi draps et de chanvre xviii draps, prisez lesd. xxi de lin à trois solz l'aulne et lesd. xviii de chanvre à

ii s. vi d. l'aulne.

Item une xii[ne] de draps de peou en estouppe chacun de deux toilles, à

xx d. l'aulne.

Item ung pavillon de couchete estant demy usé, de peou en estouppes estant de xv aulnes, prisé

xx s.

Item ung tableau ouquel est la figure Nostre Seigneur, lequel a esté prisé

xv s.

Item ung autre pavillon de couchete, tel quel, contenant xviii aulnes, prisé

xv s.

Item deux seoulx de lit, l'un presque neuf et l'autre tel quel, prisez

lx s.

Item trois courtines de lit, prisez

xxx s.

Item dix huyt gros couvrechiefs d'une aulne de toille de meslinge, prisé l'aulne

ii s.

Item deux xii[nes] de petitez servietez d'une aulne, estant de peou en estouppe, prisé l'aulne.

xii d.

Item xviii petitez servietez d'une aulne estant d'estouppez en ferraces [1], prisez

xv s.

Item sept touailles [2] demy fine estant d'estouppes et de ferraces de deux aulnes, prisez

xx d. l'aulne.

Item sept grandes touailles de meslinge et sept grandes longieres estant de deux aulnes et demye, trois touailles et

---

1. *Ferrace, ferasse,* le plus mauvais du chanvre. (Lalanne, *Glossaire du patois poitevin.*)

2. *Touaille,* nappe. (*Glossaire du patois poitevin.*)

quatre de trois aulnes, prisé l'aulne de touaille iii s. iiii d.,
et de serviete   xx d. l'aulne.

Item deux xii[nes] de couvrechiefs de lin d'une aulne,
lesquelx ont esté prisez   iiii s. ii d. l'aulne.

Item ung petit coffre où sont lesd. couvrechiefs, prisé
led. coffre   dix solz.

Item ung grant lit garny de coissin et couverture, une
couchete garnye de coissin et couverture qui soulloit estre
tels quelz, prisez   cent solz.

Item une coiste de dumect [1] sans coissin, laquelle n'est
guère plaine, prisé   six l. t.

Item une xii[ne] et demye douzilles dont il en y a deux
de plume et xvi de dumect tant grans que petiz, lesquelx
ont esté prisez   iiii l. x s.

Item xii livres de pellote de fil de melinge, lesquelles ont
esté prisez la livre   xx d.

Item de pellote de chanvre environ lx livres, prisé la
livre   xv d.

Item vingt livres de fil de lin bastart estant en esche-
veau, prisé la livre   iiii s. ii d.

Item neuf peaux d'aignaulx noirs, lesquelles ont esté
prisez   xxii s. vi d.

Item demy menteaux de pellisses de martres tel quel,
ung autre demy manteau de gorges de martres, une autre
pièce contenant près de demy menteau de gorges de martres sebelines.

Item deux petitez piecez de panne de martres de ce païs
et ung petit menteau de collet de martres, le tout desd.
piecez prisé   xiii l. xv s.

Item de petitez peaulx de gris verdelet, prisez

                                                    xxvii s. vi d.

Item ung viel coffre du temps passé non enchassillé, et
ung autre coffre enchassillé estant en la petite garde robe
de la chambre haulte, lesquelz ont esté prisez

---

1. *Dumect, dumet,* duvet. (Lalanne, *Glossaire du patois poitevin.*)

quarente solz.

Item s'enssuyt ce qui est en la chambre haulte estans sur la court du jardrin.

Premierement ung grant chaslit enchassillé, garny d'une couchete dessoubz, prisé   quarente solz.

Item une autre petite couchete enchassillée, prisée

xii s. vi d.

Item une cheze estant près du grant lit toute plaine, laquelle a esté prisée   x solz.

Item ung petit banc, prisé   x s.

Item ung buffect à deux guichetz, prisé   xxx s.

Item ung petit coffre plain, prisé   xv s.

Item ung lit garny de deux coistes, coissin, couvertes et lodier, garny de ciel et trois cortines, le tout desd. choses prisé   neuf livres.

Item une petite couchete garnye de coiste, coissin, couverte et ung petit meschant pavillon, prisez   x s.

Item une paire de landiers, palle et tenailles de foyer, le tout prisé   xxii s. vi d.

Item une table enchassillée de cinq piez de long avecques les treteaulx, vallant   viii s. iiii d.

Item en tout xvi estabeaulx vallant chacune piesse l'un portant l'autre   xv d. t

Item une autre paire de landiers qui sont en la chambre haulte dessus la rue, une tenailles et une palle vallant

xxs.

Item une autre paire de landiers estans en la chambre basse, palle et tenailles, vallant le tout   xxv s. tz.

Item une paire d'autres landiers qui sont en la cuisine vallant avecques unes tenailles enmanchées de boys

vi s. viii d.

Item quatre tables, deux grandes et deux petites garnies de treteaulx enchassillez, le tout aprecié ensemble l'un portant l'autre   xxx s.

Item ung buffet et une cassete estant en lad. chambre

basse   xxvii s. vi d.

Item ung marche pié estant en lad. chambre, ferment à deux claveures, non enchassillé   vii s. vi d.

Item ung banc de six piez avecques le boys d'une couchete enchassillé estant en lad. chambre, le tout vallant   xvii s. vi d. t.

Item en la chambre de derrière sur le jardin a ung grant chaslit de bois non enchassillé, prisé   vii s. vi d.

Item ung banc de vi piez, prisé   x s.

Item ung coffre plain et ung autre petit coffrect, prisez   xxvii s. vi d.

Item ung meschant contouer garny de son siège, prisé   x s.

Item une couleuvrine, ung espiot, une petite pertizanne, une petite hache, ung cousteau en ung baston et une meschante espée rouillée, prisez   lx. s.

Item une coiste coissin garnie de couverte blanche, et lodier, et ung meschant ciel, le tout prisé   lx solz.

Item ungs landiers prisé   xii s. vi d.

Item deux cramaillères prisez   viii s. iiii d.

Item cinq douzaines et demye d'estuelles d'estaing

Item vingt grans platz et xxxi petiz plaz, le tout d'estaing.

Item sept potz carrez, sept potz rons appellez tercières rondes, quatre pintes rondes, trois pintes carrées, neuf choppines dont il y en a troys rondes et quatre carrées, troys moutardiers rons, deux potins à verjust et vin aigre et une choppine à eau, le tout d'estaing et le tout desd. choses poisant iii^c lxxix liv. d'estaing.

Item dix huit chandelliers de cuyvre tant grans que petis, deux chaufferetes à eschauffer viande, six bassins à laver les mains telx quelx, cinq lavouers à mectre eau pour laver les mains, quatre bassins à barbier et ung lavouer à mectre eau pour pandre près ung dressouer, le tout desd. choses poisant en tout iiii^{xx} v liv.

Item quatre grans broches de fer et deux petites broches pour viande, le tout aprecié ensemble l'un portant l'autre la somme de   XXII s. VI d. t.

Item deux routissouers de fer, prisez   XV s.

Item quatre grisgles de fer, prisez   X s.

Item six casses dont il y en a deux de fer et quatre de boisture apreciées ensemble   XXXV s. t.

Item cinq grans poysles de boisture à queuhe, cinq poyslons, quatre cuilleres, ung passouer à passer poys, six couvertoises tel quel, le tout vallant ensemble XVII s. VI d.

Item une grant poysle d'arain tenant six seillées d'eau, une autre grant poisle contenant cinq seillées ou environ presque neufves, ung petit poyslon à queuhe, le tout vallant   VI liv. tz.

Item troys petites poysles d'arain, troys chauderons, tous vieulx et percez, le tout aprécié l'un portant l'autre LX s.

Item ungs crochez et unes balances garnies, vallant le tout   XII s. VI d.

Fait le lundy XVI[e] jour de aoust, l'an mil IIII[c] LXXIII ès presences desd. Jehan Grasteau et Jehanne Chandelliere.

Item s'ensuit ce qui est en la chambre basse ou grand coffre près la cheminée, aprecié led. coffre la somme de   XXX s. tz.

Premierement dix et sept draps de lyt de deux toilles telx quelx, prisez la piesse l'un portant l'autre   V s. tz.

Item sept draps de lit de peou chacun de troys toilles, prisez l'un portant l'autre chacune aulne   II s. tz.

Item dix couvrechiefs de meslynge d'une aulne ou environ, prisez chacun couvrechief l'un portant l'autre   II s. I. d.

Item ung petit coffre estant en lad. chambre basse près led. coffre, prisé   XV s.

Item s'ensuit le lynge estant en ung coffre estant en la garde robe.

Premierement ung drap de deux toilles et demye de peou en estouppes, prisé　　　　　　　　　vii s. vi d.

Item xiiii touailles plaines de peou en estouppes dont il y en a de deux aulnes et demye, prisé l'aulne　　　xv d.

Item xix servietes plaines de peou en estouppes d'une aulne de long, prisé la piesse　　　　　　　xii d.

Item quatre servietes ouvrées d'une aulne de long chacune, prisé la piesse　　　　　　　　　　xv d.

Item le coffre ouquel est led. lynge, prisé　　　x s.

Item en un coffre estant en la chambre darrière devers le jardrin. Et premierement xi touailles plaines de peou en estouppes de ii aulnes et demye et de troys aulnes de long, prisé chacune l'une portant l'autre　　　　　v s.

Item troys autres touailles de meslinge de troys aulnes environ de long, prisé chacune piesse l'une portant l'autre
　　　　　　　　　　　　　　vii s. vi d. tz.

Item quatre grans servietes de meslinge plaines de iii aulnes de long, vallant chacune serviete　　　iii s.

Item huit petites servietes de meslinge telles quelles d'une aulne, prisé chacune piesse l'une portant l'autre x d.

Item ung meschant coffre ouquel est led. linge, prisé
　　　　　　　　　　　　　　vi s. viii d.

Item cent livres de layne à tout le suye qui a esté amenée de Villaine, prisé chacune livre　　　　　vii d.

Item six vings livres de laine de ceste pays, prisé la livre
　　　　　　　　　　　　　　vi d.

Item en ung coffre estant en lad. garde robe ouquel y a ne couverture, ung ciel, ung dossier et troys courtines, le tout de sarge rouge de Can, et la couchete de lad. sarge contenant deux piessces, c'est assavoir la couverture et l'environ qui sont en tout huit piesses dont les sept sont à troys rayes et la grand est à cinq rayes, prisé chacune desd. sept piesses xl s. tz. et la grand piesse prisée lx s. tz.

Item deux bancquiers vers à feuille de vigne et à raisins, chacun de iiii aulnes de long, prisez les deux
iiii l. ii s. vi d.

Item xii carreaulx tous à tapicerie telx quelx, prisez la piesse l'un portant l'autre
vii s. vi d.

Item ung lodier de boucacin, prisé
lx s.

Item troys tapiz, deux de une aulne dont l'un ne vault guères, et l'autre d'une aulne et demye, prisez les troys ensemble l'un portant l'autre en ung
ix l. xii s. vi d.

Item six petis carreaulx de cuyr qui sont à emplir, prisé la piesse
ii s. vi d.

Item le coffre où sont lesd. choses, prisé
xxxv s. tz.

Item en lad. chambre basse une couchete d'une toille et demye garnie de coicte, coissin et lodier, le tout prisé
xl s. tz.

Item en lad. chambre darrière le chaslyt d'une couchete tout ront enchassillé, prisé
vii s. vi d.

Item la coicte et coissin de lad. couchete, prisé
xxx s.

Item une pipe d'uylle estant en la cave de lad. maison.

Item une charete garnie et atellée de deux chevaulx, dont il y en avoit ung poussif qui mourut tantost après le trespas dud. feu, le tout prisé en ung
xi l.

Item et au regart des chevaulx dud. feu en est mort ung et l'autre fut donné par lad. vefve à Martin Mignonneau par ce qu'il ne valloit guères et aussi pour les services qu'il avoit faiz aud. feu.

Item une esguyere d'argent poisant vii onces et ung gobelet à une ance aussi d'argent poisant ii onces et demye.

Item ung drap de cheminée où sont le (*sic*) xvii Roys chrestiens et les neuf Preux, prisé
lv s.

Item ung grand bassin qui est à recevoir l'eau soubz le dressouer de lad. basse chambre, poisant
ix l.

Item deux coquemarts, l'un assez grand et l'autre moyen, poisant   xiii l.

Item une mect [1] à poistrir, prisée   vii s. vi d. tz.

Aumailles et autres bestes estans en plusieurs lieux et appartenans aud. feu, inventoriées par nous susd. ou moys de décembre oud. an mil ccccLxxiii.

Et premierement en la mestairie de sainct Hillaire de Mons, c'est assavoir une vache de poil rouge de l'eage de ix ans, prisée   xL s tz.

Item ung veau dud. poil de l'eage de deux ans, prisé   xL s.

Item une vache de poil fromentin de l'eage de viii ans, prisée   xx s.

Item le veau de lad. vache de ceste année   xx s.

Item une vache brune de v ans, prisée   xxx s.

Item une veesle de poil rouge d'un an et demy, prisée   xxx s.

Item une vache bresthe [2] de v ans, prisée   xxxv s.

Item le veau de lad. vache de cested. année   xv s.

Item une vache fromentine de vi ans   xL s.

Item sa vesle de ceste année, prisée   v s.

Item xxiii chiefs de vielles brebis, prisez iiii l. xvi s. tz.

Item huit chiefs de motons, prisez   xL s. tz.

Item xv chiefs d'aigneaulx, prisez   xxx s.

Item en la mestairie de la Chauvetière en la parroisse de Leisgné les Boys.

Et premierement une vache rouge de v ans, prisée xLv s.

---

1. *Mect, met,* huche où l'on pétrit le pain. (Lalanne, *Glossaire du patois poitevin.*)

2. *Bresthe,* brette, une vache brette est celle dont le veau est sevré, vendu; génisse ou vache en général. (Lalanne, *Glossaire du patois poitevin.*)

Item une vache fromentine de iiii ans, prisée   xl s. tz.

Item sa vesle de cested. année lxxiii, prisée   xv s.

Item ung veau fromentin d'un an et demy, prisé
        xxvii s. vi d.

Item deux chiefs de vielles brebiz, prisez   viii s. iiii d.

Item six chiefs d'aigneaulx, prisez   xii s.

Item en la maison de Jehan le Conte demourant en la parroisse de (*en blanc*).

Et premierement une vache de poil rouge d'environ huit ans, prisée   xxxvii s. vi d.

Item ung veau rouge de l'eage de trois ans, prisé
        xlv s. tz.

Item une autre vache fromentine d'environ vi ans prisée
        xl s.

Item sa vesle de cested. année, prisée   xiii s. ix d.

Item une autre vache noire d'environ trois ans, prisée
        xxx s.

Item ung veau de poil noir d'un an et demy, prisé xxxv s.

Item en la maison de Pierre Légier demourant en la parroisse de (*en blanc*).

Premierement une vache de poil rouge d'environ un an, prisée   xlv s. tz.

Item son veau de poil rouge d'un an et demy xxx s. tz.

Item deux veaulx de poil rouge de ii ans et demy, prisez chacun   l s. tz.

Item une vache fromentine d'environ iiii ans, prisée
        xlvii s. vi d. tz.

Item son veau de cested. année prisé   xv s. tz.

Item en la maison de Ladée en la parroisse de (*en blanc*).

Premierement une vielle vache rouge d'environ xii ans et son veau de cested. année, le tout prisé   l s. tz.

Item une vache de poil fromentin d'environ viii ans et

sa vesle bresthe de cested. année, prisé le tout   LV s. tz.

Item une thore rouge d'environ III ans plains, prisée

XL s. tz.

Item en la maison de Guillaume Dain en la parroisse de Vouneul sur Vienne.

Premierement une vielle vache d'environ huit ans de poil rouge, prisée   XL s. tz.

Item son veau noir de cested. année   XV s. tz.

Item une vache brune d'environ dix ans, prisée   XXX s.

Item son veau brun d'environ ung an et demy, prisé

XXX s.

Item en la maison (*en blanc*) Babin en la parroisse de Nayntré.

Premierement une vache pige d'environ douze ans, prisée   XXX s. tz.

Item ung veau dud. poil d'environ deux ans et demy, prisé   XXXVII s. VI d.

Item ung autre veau de poil rouge de cested. année LXXIII, prisé   XV s. tz.

S'ensuivent les bestes chevallines estans à Mazières en Braine appartenans aud. feu.

Premierement en l'ostel de Estienne Boucherault y a quatre jumens et ung poullain d'un an.

Item en l'ostel de Estienne Bahuet y a une jument prisée.

Item en l'ostel de Jehan Bahuet y a une autre jument.

Item en l'ostel de Denys Bahuet y a une autre jument prisée.

Item s'ensuyt les bournais [1] d'abeuilles estans aud. lieu de Mazières.

Et premierement en l'ostel de Clemet Colin y a XVIII bournais prisez.

---

1. *Bournais*, ruche. (Lalanne, *Glossaire du patois poitevin.*)

Item en l'ostel des Audebers xx bournais prisez.

Sensuyvent les lettres tant obligatoires que autres qui furent et appartindrent aud. feu noble homme Gillet Bouchet, lesquelles sont en ung coffre estant en la chambre de derriere sur le jardrin, lesd. lettres estans alyacés et coctées dessus comme elles sont coctées en teste en ce present inventoire.

Et premierement au regard de certaines lettres estans en une lyace coctée par A ne sont point en cest present inventoyre pour ce qu'elles appartiennent à la vefve dud. feu.

B. — Item une lettre passée par G. Nepveu et D. Cornu du xviie jour d'apvril mil iiiie lxvii faisant mencion comme feu Jenyn Quatrommes bailla et arrenta à feu Gillet Bouchet à la somme de xl solz de rente, c'est assavoir deux petitez maisons assises en la parroisse de Saint-Jehan Baptiste de Chastellerault en la rue aux Lymosins.

Item une autre lettre passée par S. Paluau et J. Nepveu le dernier jour de janvier iiiie xxxi faisant mencion comme Pierre Bureau de la Chappelle Roe et Colas Dutertre vendirent à feu Jehan Dorin de Chastellerault pour le prix de seze escuz d'or vieulx, c'est assavoir cinquante solz de rente en deus sur lad. maison.

Item une lettre passée par G. Nepveu et D. Cornu daptée du xiiie jour d'octobre iiiie lxx faisant mencion comme led. Gillet Bouchet acquist de Gillet Dorin pour le prix de xv escuz d'or, c'est assavoir xxx solz de rente deuz à cause de lad. maison.

Item une autre lettre passée par J. Martin et J. Rivière daptée du viiie jour de juillet iiiie xxxviii faisant mencion comme Colas Dutertre et sa femme vendirent aud. feu Jenin Quatrommes pour le prix de xx reaulx d'or, c'est assavoir lad. maison,

C. — Item une autre lettre passée par A. Dorin et
G. Nepveu daptée du xiiiie jour d'avril iiii^c lxiii faisant
mencion comme maistre André Martin, prieur du prieurté
de Montmorillon, bailla et arrenta aud. feu Gillet Bouchet
à la somme de xv solz tz de rente, c'est assavoir une petite
maison, court, jardin tenant ensemble, en partie de laquelle led. feu fasoit ses estables (avecques certaines lettres
de decret).

D. — Item une autre lettre passée par J. Desmons et
G. Nepveu daptée du xve jour d'apvril iiii^c lxix faisant mencion comme led. feu acquist de Pierre Soucheleau v s. tz de
rente deuz à cause de et pour raison d'une pièce de pré
que à present tient lad. vefve.

Item une autre lettre passée par L. Marcadier et
G. Nepveu datée du sept^{me} jour de janvier iiii^c lxvii
faisant mencion comme maistre Aymer de Morry acquist
dud. Soucheleau susd. une pièce de pré.

Item une autre lettre passée par G. et P. Ledoulx daptée
du xviie jour de février iiii^c lxiii faisant mencion comment
led. maistre Aymer de Morry vendit aud. feu lad. pièce
de pré.

E. — Item une autre lettre passée par M. Lorens et
J. Nepveu daptée du xxvie jour de juing lxvii faisant mention comme maistre Jehan Desmons receut au retraict led.
feu Gillet Bouchet de la somme de xx s. tz de rente deuz
à cause d'un jardrin qui fut feu messire Phelippes Maulay.

Item une autre lettre passée par D. Cornu et G. Nepveu
du xxie jour de mars iiii^c lxvi faisant mencion comme
led. feu Gillet acquist de Jacquet Delalande, c'est assavoir
led. jardrin susd. avecques les lettres de finance atachées
aud. contraict.

Item une lettre passée par J. Grasseteau et A. (*en blanc*)
daptée du iiiie jour de feuvrier iiii^c lxi faisant mencion

comme led. feu maistre Jehan Desmons acquist dud. messire Phelippes Maulay lesd. xx s. tz de rente.

Item une autre lettre passée par C. (*en blanc*) et C. Byon du xxve jour de may iiiic lviii faisant mencion comme led. feu messire Philippes Maulay bailla à la somme de xx s. tz de rente led. jardrin aud. Jacquet Delalande.

Du mescredi xve jour de decembre l'an mil iiiic lxxiii par nous Aymer de Morry, licencié ès loys, juge de Chastellerault, et Pierre Laurens, greffier aud. lieu, et par vertu de la commission estant en dapte du jour de (*en blanc*), l'an mil iiiic lxxiii.

F. — Et premierement une lettre perpetuelle passée par G. Suyre soubz la court de Montoiron pour monseigneur de Crissé, daptée du xie jour de juing l'an mil iiiic xliii faisant mencion comment Colas Seuvrault, prieur de Saint-Hilaire du Port de Lésigné, a vendu et transporté à Jenyn Quatrommes pour le prix de vi l. tz, c'est assavoir une pièce de pré assise en la rivière de l'Auzon contenant journau d'un faucheur.

Item une autre lettre perpetuelle passée par G. Dorin et J. Nepveu le premier jour de feuvrier l'an mil iiiic lii faisant mencion de plait et procès meu en la court des assises de noble homme Pierre Daux entre le procureur d'icelles d'une part et noble homme Jenyn Quatrommes d'autre part, à l'ocasion que led. Jenyn avoit acquis plusieurs doares et heritaiges estans au dedans de la justice dud. lieu du Bornois.

Item une autre lettre passée par J. Rivière et J. Lucas du vie jour d'aoust l'an mil iiiic xxxv soubz les cours de Chastellerault, faisant mencion comme Jenyn Quatrommes

fust tenu et obligé à Guillaume de Thorigné en la somme
de xl l. tz.

Item une autre lettre passée par J. Rivière et G. Dorin
le xixᵉ jour de juillet l'an mil iiiᶜ xxxv soubz les cours de
Chastellerault faisant mencion comme Pierre Gannes,
escuier, et Jehanne Dizée, sa femme, lad. femme ou l'auctorité, item, ont vendu à perpétuité à Jenyn Quatrommes
pour le prix de cinquante réaulx, item, c'est assavoir ung
hostel assis en la parroisse de Senillé vulgairement appellé
l'ostel de la Forge.

Item une autre lettre passée par P. Lescossais l'aisné et
P. Lescossais le jeune daptée du xiiiᵉ jour de feuvrier
l'an mil iiiᶜ xlix soubz la court réelle de Poictiers faisant
mencion comme Jenyn Quatrommes, comme ayant le droit
et transport de la femme et héritière de feu Jehan
Demolins l'aisné d'une part, et Marie Gauvaigne, vefve
de feu Robin Le Roux dit Coquet, comme ayant l'aminis-
tration de ses enffans, ont fait entr'eulx certains partaiges
dud. heritaige.

Item une autre lettre passée par G. Lucas le xiᵉ jour
d'octobre l'an mil iiiᶜ xlvi soubz la court réelle de
Poictiers, faisant mencion comme Bracheline Benaiste,
vefve de feu Jehan Molin, tant en son nom que
comme tuteresse de Jehan Molin et de Marie Mouline,
enffans dud. feu Jehan Molin et d'elle, et Estienne Lymosin
et Symonne Mouline, sa femme, lesquelx et chacun
d'eulx ont confessé avoir vendu à perpétuité à Jenyn
Quatrommes pour le prix et somme de vi l. x. s. tz, c'est
assavoir tout le droit que lesd. vendeurs et chacun d'eulx
ont et pouvent avoir en tous et chacuns les heritages qui
furent aud. feu Jehan Molin estans ès parroisses de Senillé et
de Saint Hilaire de Mons.

Item une sentence donnée à l'assise du Bornois le penultiesme jour de juing l'an mil iiiᶜ xliii, signée par J. Nepveu
pour registre et scellée en cire rouge du scel de Jenyn

Charrier, seneschal dud. lieu, faisent mencion comme le procureur de la court desd. assises disoit contre Jenyn Quatrommes que iceluy Jenyn tenoit et exploictoit au dedans de lad. jurisdiction deux pièces de terre applain declairées en lad. sentence.

Item une lettre d'ommaige plain fait par Jenyn Quatrommes à Jenyn Charrier, seneschal du Bornois pour monseigneur dud. lieu, de certains heritages et doares assis en la parroisse de Senillé et de Saint Hillaire de Mons, en dapte du xxie jour de decembre l'an mil iiii^c xxxix signée par J. Nepveu pour registre et scellé en cire rouge.

Item une autre lettre passée par G. Phelippot le xxiiiie jour d'apvril l'an mil iiii^c xlviii soubz la court de Celles en Berry faisant mencion que Emere, fille de feu Jehan Demolins de Chastellerault et femme de Jehan Lymosin, ou l'auctorité, item, a confessé avoir vendu à perpétuité et pour le prix et somme de lx s. tz, c'est assavoir tous et chacuns les heritages qu'elle peut avoir és parroisses de Senillé et de Saint Hillaire de Mons.

Item une autre lettre passée soubz les courts reaulx à Poictiers par P. Lescossais l'aisné et P. Lescossais le jeune le xiiie jour de feuvrier l'an mil iiii^c xlix faisant mencion comme Pierre Fromentin a quicté et délaissé à Jenyn Quatrommes pour les bons et agreables services, item, c'est assavoir tout le droit qu'il pouvoit avoir par l'acquest et transport autreffois par luy fait par Emere, fille de feu Jehan de Moulins.

Item une autre lettre passée par J. Lucas et J. Rivière le ve jour d'aoust mil iiii^c xxxv soubz les cours de Chastellerault faisant mencion comme Guillaume de Thorigné et Jenyn Quatrommes ont fait entr'eulx les choses qui s'enssuivent, c'est assavoir que led. Quatrommes a monstré aud. Thorigné ung conctraict passé soubz les cours susd. par G. Dorin et J. Rousseau faisant mencion qu'il a acquis pour le prix de L reaulx de Pierre Gannes et de Jehanne Disée, sa femme, c'est assavoir l'ostel de la Forge.

Item ung autre conctraict passé soubz la court réelle de Poictiers par G. Dorin le xixe jour d'apvril l'an mil iiii^c xliiii faisant mencion comme Jehan Chaumont de Sainct Sauveur d'Abornay a vendu à perpétuité à Jenyn Quatrommes et pour le prix de v s. tz, c'est assavoir cincq deniers de rente en quoy iceluy achapteur estoit tenu aud. vendeur.

Item une autre lettre passée soubz les cours de Chastellerault par S. Joubert et C. Clemens en dapte du xxiiiie jour de janvier l'an mil iiii^c li faisant mencion comment Jehan Regnauldin de Senillé a vendu à perpétuité à Jenyn Quatrommes pour le prix de v escuz et xx s. tz, c'est assavoir une pièce de terre fermée à meurs contenant i boicellée ou environ.

Item une autre lettre passée par C. Clemens le xxviiie jour de may mil iiii^c l soubz la court de Chastellerault faisant mencion comme noble femme dame Anne Dufresne, dame de Quinchamp, d'une part, et Lucas Regnauldin d'une autre part, lesquelles parties ont fait entr'elles les choses qui s'enssuivent : assavoir est lad. noble femme avoir baillé et arrenté pour le prix de xii d. de cens, c'est assavoir une pièce de terre qui est ou fief de l'Aubue contenant une boicellée ou environ assise en la parroisse de Senillé.

Item une autre lettre passée soubz les cours de Chastellerault par S. Joubert et C. Clemens le xxiiiie jour de janvier mil iiii^c lvi faisant mencion comme Jenyn Quatrommes et Lucas Regnauldin ont fait les eschanges qui s'enssuivent : assavoir est led Jenyn Quatrommes avoir baillé aud. Regnauldin, assavoir est la moitié de quatre boiceaux de froment, et pour recompence led. Regnauldin a baillé la moitié d'une vigne nommée les Plantes Chardet.

Item une autre lettre passée par J. Demorry et J. Gaudin le viie jour de juillet mil iiii^c xix passé soubz la court du viconte de Chastellerault faisant mencion comme Uguet Disé et Pierre Gannes ont fait clamer promesses et renontiacion touschant le traicté du mariage d'entre led. Pierre Gannes et Jehanne Disée, fille dud. Uguet Disé.

Item une autre lettre passée soubz les cours de Chastellerault par J. Rivière et J. Lucas le ve jour d'aoust l'an mil iiii^c xxxv faisant mencion comme Guillaume de Thorigné a donné et octroyé à Jenyn Quatrommes pour les bons et agreables services, c'est assavoir tout le droit et cause qu'iceluy Thorigné peut avoir par puissance de fief certaines pièces de terres assises en la parroisse de Senillé estans oud. fief de Thorigné.

Item une lettre passée soubz la court de Montoiron par G. Suyre le xiiie jour de feuvrier mil iiii^c xlv faisant mencion comme Guillaume et Jehan Chauvins frères et Jehan Pesré, lesd. Chauvins et Pesré, paroissiens de Senillé, ont fait entr'eulx ce qui s'enssuit : c'est assavoir les d. Chauvins avoir baillé pour le prix de xvi solz de cens assavoir ung hostel qui fut feu Uguet Gauvain avecques ung verger assis en la parroisse de Senillé.

Item une autre lettre passée soubz la court de monseigneur le viconte de Chastellerault par G. Nepveu et D. Cornu le xiiie jour d'aoust mil iiii^c lxvii faisant mencion comme Jenyn Quatrommes et Jehanne Herberde, sa femme, ont passé et accordé à noble homme Gillet Bouchet les bailles, formes et conventions quy s'enssuivent : c'est assavoir leur hostel et appartenances de Leigné les Bois, et aussi leur houstel et vignes de Montoiron, et avecques ce tous et chacuns leurs autres doares et heritages à la ferme ou rente perpétuelle de xv l. tz de rente et aultres conditions contenues oud. conctraict.

Item une autre lettre passée par J. Nepveu et M. Belon soubz la court de Chastellerault le xiiiie jour de may mil

iiii^c lxx faisant mencion comme Jenyn Quatrommes et
Jehanne Herberde, sa femme, eussent transporté à noble
homme Gillet Bouchet à perpétuité de tous et chacuns
leurs doares et heritages estans en la viconté de Chastellerault et ou païs de Poitou, applain declerés oud. conctraict.

Item une autre lettre passée soubz la court de Chastellerault par J. Nepveu et M. Belon le xiiiie jour de may
l'an mil iiii^c lxx faisant mencion comme Jehanne Herberde, vefve de feu Jenyn Quatrommes, pour les services
qui luy avoient esté faiz par noble homme Gillet Bouchet,
a confessé avoir donné et arctroyé à perpétuité aud. Gillet
Bouchet, c'est assavoir tous et chacuns ses biens
meubles.

Item une autre lettre de testament passée par G. Nepveu
et M. Belon le iiiie jour de septembre l'an mil iiii^c lxix
faisant mencion comme Jenyn Quatrommes et sad. femme,
sains de corps, considerans la fragillité de ce monde, vou-
lans pourvoir au salut de leurs ames, ont fait leur testament et dernierre voulenté ainsi qu'il est contenu oud.
testament.

Item une autre lettre passée soubz la court de Chastellerault par A. Dorin et P. Acton le penultiesme jour de
septembre mil iiii^c xlviii faisant mencion comme Guillaume Barrillet de Senillé a vendu à Jenyn Quatrommes
pour le prix et somme de lx solz tz, c'est assavoir une
pièce de jardrin estant en la parroisse de Senillé.

Item une autre lettre de contens et debat passée par
A. Dorin et G. Boiry le xve jour de juillet mil iiii^c li faisant mencion comme Jenyn Leflèvre et Estienne Gannes et
Jenyn Quatrommes à l'occasion d'un houstel et appartenances d'iceluy situé et assis en la parroisse de Senillé
appellé l'ostel de la Forge.

Item une autre lettre passée soubz la court réalle de
Poictiers par G. Bourry le xiie jour de juillet mil iiii^c li

faisant mencion comme noble homme Macé Gannes avoit quicté et transporté à Jehan Lefièvre, son frère, et pour le prix de quatre escuz : c'est assavoir tout le droit actuel et demeurant que led. Gannes pouvoit avoir contre led. Quatrommes à l'occasion de certaines (*en blanc*).

Item une autre lettre faisant mencion du fait des franz fiez et nouveaux acquestz faiz par gens d'eglise et non nobles, dapté du xxe jour d'aoust mil iiii^c lix, signé : Ph. Vachereau.

Item une autre lettre passée soubz la court de La Rocheposay et l'arceprebstre de Chastelleraudlt [1] par C. Champanille le xvie jour de mars mil iiii^c lxvii faisant mencion comme Jehan Delauzon et Jehanne Bobine, sa femme, de Senillé, et Jenyn Quatrommes ont fait certains eschanges.

Item une autre lettre passée par A. Dorin le xe jour d'aoust mil iiii^c l soubz la court de monseigneur le conte du Maine de Chastellerault, faisant mencion comme plait et procès fussent meuz en la court dudit Chastellerault, en l'applegement entre Bracheline Gauvinne, vefve de feu Jehan Ferré demenderesse, et noble homme Jenyn Quatrommes deffendeur, à l'occasion d'une pièce de pré assise en la rivière de l'Auzon, contenant journau de deux faucheurs ou environ.

Item une autre lettre passée par A. Dorin et G. Nepveu le xiiie jour d'aoust mil iii^c l soubz la court de Chastellerault faisant mencion comme Jehan Boutin d'Angle a vendu

---

1. La matrice en bronze du sceau de la cour de l'archiprêtre de Châtellerault se trouve dans le cabinet d'un amateur angevin, M. Deperrière, et a figuré à l'exposition d'art rétrospectif d'Angers en 1895. Le conservateur du musée Saint-Jean et Toussaint a eu l'amabilité de m'en adresser une empreinte. Elle représente : un dais, au-dessous duquel est un pélican qui se perce le flanc pour nourrir ses petits posés dans un nid, duquel sort un fer de flèche. On lit dans la légende : S : CVRIE : ARCHIPBRI : CASTRI. AYRAUDI. Un débris de l'empreinte de ce sceau en cire verte est appendu à une charte de 1274 relative à l'abbaye de la Merci-Dieu et qui fait partie de ma collection.

à Jenyn Quatrommes pour le prix de vi escuz : c'est assavoir une pièce de pré assise à la Rochère près Senillé contenant journée de trois faucheurs ou environ.

Item une autre lettre passée soubz la court de Montoiron par J. Patarin le viie jour de feuvrier mil iiiie li faisant mencion comme Jehan Pesré de Senillé a cédé et transporté à Jenyn Quatrommes : c'est assavoir une maison, mazeris et verger, le tout tenant ensemble, contenant une boicellée de semence ou environ.

Item une autre lettre passée soubz la court de Chastelrault par S. Pontenier le xie jour de mars mil iiiie xxxix faisant mencion comme Jehan Girard dit Perrault et Jehanne Barrillet, sa femme, ont vendu à Jenyn Quatrommes et pour le prix de cent doze solz six deniers tz : c'est assavoir la tierce partie par indivis de ung verger assis en la parroisse de Senillé, fermé de meurs.

Item une autre lettre passée soubz la court de monseigneur le viconte de Chastellerault par C. Dubouc le xviiie jour de decembre mil iiiie xlvii faisant mencion comme Jehan Barrillet de Senillé a transporté à Jenyn Quatrommes pour le prix de lx solz tz : c'est assavoir une pièce de jardrin estant en lad. parroisse de Senillé.

Item une autre lettre passée soubz la court de La Roche de Pouzay et l'arceprebstre de Chastellerault passée par C. Champanille le xvie jour de feuvrier mil iiiie lvii faisant mencion comme Perin Bobin de Senillé a vendu à Jenyn Quatrommes pour le prix de vi l. tz : c'est assavoir une pièce de terre assise en Burlot contenant sept boicellées de semence ou environ.

Item une autre lettre passée aux courts à Poictiers pour le roy nostre sire et de l'official dudit lieu par J. Guillet et J. Gérart le xxixe jour de juillet mil iiiie xliiii faisant mencion comme Micheau Le Roulx et Daulphine Chauvine, sa femme, ont vendu à Jenyn Quatrommes pour la somme de xxiii reaulx d'or : c'est assavoir une pièce de pré assise en la parroisse de Senillé contenant quatre journées de faucheurs ou environ.

Item une autre lettre passée soubz la court de monseigneur le viconte de Chastellerault par C. Clemens le ixe jour d'apvril mil iiii^c l faisant mencion comme Mathurine Cousdrelle, vefve de feu Jehan Sapinault de Senillé, a vendu audit Jenyn Quatrommes pour le prix de deux escuz d'or neufs : c'est assavoir une pièce de terre assise en la parroisse de Senillé en la closure de la Forge contenant v boicellées de semence ou environ.

Item une autre lettre de sentence donnée par A. Dorin comme seneschal du Bornois, signée dudit seneschal et scellée de son scel en cire rouge et signée par J. Nepveu pour registre, daptée du xxvie jour de janvier l'an mil iiii^c lviii, comme Gillet Bouchet a monstré ung conctraict passé soubz les cours de Chastellerault, faisant mencion que Godemarc de Vic pour demourer quicte et deschargé envers led. Bouchet et les siens de la somme de v septiers de froment mesure Chastellerault et v escuz d'or le tout de rente, a baillé et transporté ung houstel et ses appartenances et deppendances, qui fut jà pieça à Jehan Gautier du Blanc, et de ce fut receu ledit Gillet Bouchet aux ventes et hommages par led. seigneur du Bournoys.

Item une autre lettre passée soubz la court de Montoiron et de l'arceprebstre de Chastellerault par J. Nepveu et J. Charron le penultiesme jour d'aoust mil iiii^c xlii faisant mencion comme Pierre Lescossais et Pierrete Fonssière, sa femme, de Chastellerault, ont vendu aud. Jenyn Quatrommes pour le prix de cent xv solz tz ; c'est assavoir une pièce de terre assise en la parroisse de Senillé en la closure de la Forge, contenant une boicellée de semence ou environ.

Item une autre lettre passée soubz la court de Chastellerault par J. Rivière le xiie jour de novembre mil iiii^c xl, faisant mencion comme frère Estienne Duterdre, prieur de

Senillé, a baillé à rente à Jenyn Quatrommes pour le prix de deux deniers de décime annuel : c'est assavoir une pièce de terre assise près Saint-Aulbin contenant deux boicellées de semence ou environ.

Item une lettre en latin annexée ès lettres cy dessus, scellée à double queuhe, faisant mencion comme la lettre susd. est aspurée du convent dud. prieuré.

Item une autre lettre ou procès donné en la court de Chastellerault le xxiie jour du mois de mars mil iiii^c lvii, signée par P. Acton, faisant mencion que Jenyn Quatrommes a exibé ung conctraict passé par Champanille du xviiie jour de mars mil iiii^c lvii faisant mencion led. conctraict de certain eschange fait entre led. Jenyn Quatrommes et Jehan Delauzon, par lequel eschange led. Quatrommes a baillé aud. Delauzon deux cassons de terre assis près des Coutart, sur quoy ledit Quatrommes a poyé les ventes et hommages à la somme de iii s. iiii d. tz.

Item une autre lettre de finance de ventes et honneurs donnée à Chastellerault, signée par P. Acton le iiie jour de mars mil iiii^c lvii faisant mencion comme Jenyn Quatrommes a finé à la somme de x s. tz pour ung conctraict fait et passé ès cours de la Roche de Pousay et de Chastellerault du xvie jour de feuvrier mil iiii^c lvii faisant mencion que Jenyn Quatrommes a acquis une pièce de terre de Pierre Bodin assise en Burlot en la parroisse de Senillé.

Item une autre lettre passée soubz les cours de Chastellerault passée par C. Clemens et J. Nepveu du iiie jour de novembre mil iiii^c l faisant mencion comme Lucas Regnauldin de Senillé a vendu à Jenyn Quatrommes pour le prix de xvi escuz : c'est assavoir une pièce de terre et une pièce de vigne, située lad. terre en la parroisse de Saint Hillaire de Mons contenant xii boicellées de semence ou environ, et lad. pièce de vigne est assise en la parroisse de Senillé contenant journée de v hommes ou environ.

Item ung adveu rendu par Jenyn Quatrommés au seigneur du Bornois, par lequel il advouhe à tenir le dessus
de sa closure et autres choses contenues oud adveu es-
tant en dapte du xxve jour de janvier l'an mil iiii^c liii et
signé A. Dorin à la requeste dud. Quatrommes.

Item ung autre adveu rendu aud. seigneur du Bornois
par Margarite Desmons, vefve de feu Gillet Bouchet,
comme tuteresse des enffans mineurs dud. feu et d'elle,
tient et advouhe à tenir à foy et homage plein et premierement le dessus de sa closure avecques une loge et autres
choses, estant en dapte du iiiie jour de juing l'an mil iiii^c
lxxii et signé par J. Nepveu à la requeste de lad. vefve.

Item une lettre perpétuelle passée soubz la court de
Chastellerault le xiiie jour de septembre mil iiii^c xxxi,
signée par G. Dorin tant pour luy que pour son feu père
par vertu de certaine commission, faisant mencion que
pardavant maistre Jehan Martin et Jehan Dorin, noctaires
de lad. court, ont esté presens Geoffroy Chauvin demourant à la Guyerche, lequel a vendu à Symon de Vic,
bourgeois de Chastellerault, pour le prix et somme de
xlvi l. x s. tz. : c'est assavoir quatre septerées de terre
tenant ensemble assis en la parroisse de Senillé en la closure du Carroy Rimbault.

Item une autre lettre passée par G. Dorin et L. Marca-
dier le iie jour de novembre l'an mil iiii^c xl faisant mencion comme feu Geoffroy Chauvin eust vendu à Symon
de Vic et pour le prix de xxvii l. x s. tz marc d'argent au
prix de vii l. : c'est assavoir une pièce de pré assise en la
rivière de Senillé contenant journée de quatre faucheurs
ou environ, et oudit contraict faisant ledit de Vic eust
donné grace dedans certain temps, pour ce est-il que en
la court de monseigneur le viconte de Chastellerault led.
de Vic, lequel a confessé avoir receu au retraict dud. pré
led. Chauvin à cause de sa femme et receu lad. somme
susd.

Item une autre lettre passée par J. Nepveu et C. Clemens le xxᵉ jour d'apvril mil iiiᶜ lii soubz la court de monseigneur le viconte de Chastellerault faisant mencion comme Guillaume Chauvin de Senillé, tant en son nom que comme tuteur de Jehan, Mathurin, Estienne, Martin, Jehan et Jehanne Chauvine, ses nepveuz, a transporté aud. Jenyn Quatrommes pour le prix de xi l. xv s. tz. c'est assavoir xiii solz tz de cens.

Fait le xviiᵉ jour de decembre l'an susd. par nouz commissaires et ès presences dessusd.

G. — Premierement une lettre passée par G. Nepveu le xviiᵉ jour d'aoust iiiᶜ lxxi soubz les cours de Chastellerault faisant mencion comme noble homme Gillet Bouchet a baillé et arrenté à Jehan Boitart, recouvreur, et pour la somme de x s. tz de rente : c'est assavoir une maison, court, fondeis, vigne et chenevière qui fut feu Jehan Regnauldin assis en la paroisse de Senillé.

Item une autre lettre passée par M. Laurens et D. Cornu le vᵉ jour de septembre iiiᶜ lx, passée soubz la court de Chastellerault, faisant mencion comme noble homme Loys de Segrie en faveur du mariage d'entre Godemarc de Vic et Collete de Segrie, sœur dud. Loys, eust donné à sad. sœur la somme de trois cens l. tz, pour laquelle somme led. Godemarc consentit xxx l. tz de rente de son revenu fussent censez l'eritage de lad. Collete. Et aussi feu Symon de Vic donna à lad. Collete viii septiers de froment de rente, et par lad. lettre est faicte mencion que led. Godemarc a vendu et pour certain prix d'argent à honnorable homme Gillet Bouchet : c'est assavoir l'oustel et appartenances de la Forge.

Item une lettre passée par M. Laurens et G. Nepveu le xxviiᵉ jour de juillet iiiᶜ lxii soubz la court de monseigneur le viconte de Chastellerault, faisant mencion comme

honnorable homme Gillet Bouchet, lequel a baillé par eschange à Guillaume Bodin et Laurence Regnauldin, sa
femme : c'est assavoir la quarte partie par indivis de une
pièce de pré assise au Gué Lysaudain contenant journée
de trois faucheurs, et en recompense led. Bodin a baillé
par eschange la quarte partie par indivis de deux pièces de
terre, dont l'une contient trois minées et l'autre une
minée.

Item une lettre passée par G. Nepveu et D. Cornu le
xxvi⁴ jour d'apvril iiiᶜ lxvii soubz la court de Chastellerault, faisant mencion comme honnorable homme Gillet
Bouchet a baillé par eschange à Guillaume Boutin et Perrine de la Bodinère, sa femme, une pièce de terre assise ou
terrouer de Puygermault contenant deux septerées et demye de semence ou environ, et en recompense dud. eschange lesd. mariez ont baillé une pièce de terre contenant quatre boicellées de semence ou environ aud. Bouchet.

Item une lettre passée par L. Marcadier et M. Lorens
le penultiesme jour de janvier iiiᶜ lvi soubz la court de
Chastellerault, faisant mencion comme Godemarc de Vic
demoure quicte de la somme de v septiers de froment et
v escuz le tout de rente envers honnorable homme Gillet
Bouchet, assavoir lad. rente sus ung sien houstel ovecques
les appartenances et deppendances assis à Senillé.

Item une lettre passée par J. d'Aubeterre le xxᵉ jour de
may iiiᶜ iiiˣˣ v (1385) soubz la court du viconte de Chastellerault faisant mencion comme Guillaume Patra de
Senillé a vendu à Guillaume de Vic pour le prix de xx s.
monnoie courante : c'est assavoir une pièce de pré assise
en la rivière de Chaslon.

Item une autre lettre passée par J. Rivière et J. Chillou
le xxiiiiᵉ jour d'aoust iiiᶜ lviii soubz la court de monseigneur le viconte de Chastellerault faisant mencion comme
Gillet Dorin de Chastellerault, pour la grant affinité qu'il

a à Gillet Dorin, son filz, escolier estudiant à Poictiers [1], a confessé avoir donné à sond. filz : c'est assavoir la somme de dix escuz d'or en quoy ung nommé Lucas Regnauldin estoit tenu aud. Dorin, père dud. Gillet Dorin.

Item une lettre passée par C. Clemens et C. Bion soubz les cours de Chastellerault le xi[e] jour iiii[c] liiii faisant mencion comme Godemarc de Vic, bourgeois de Chastellerault, a vendu à honorable homme Gillet Bouchet, absent, et lesd. notaires stippullans pour luy, et pour le prix de cent escuz d'or neufz : c'est assavoir cincq escuz dud. pois et v septiers de froment mesure Chastellerault, le tout de rente.

Item une autre lettre passée par C. Champanille et M. Belon soubz les cours de Chastellerault le ix[e] jour de feuvrier iiii[c] lxix faisant mencion comme Loys Auger, tixerand parroisse de Senillé, a vendu aud. noble homme Gillet Bouchet absent, Margarite Desmons, sa femme, presente et stippullant pour le prix et somme de vi escuz d'or : c'est assavoir une pièce de terre assise à la Guillerande en la parroisse de Senillé contenant quatre boicellées de semence ou environ.

Item une lettre passée par J. Vincent le xiiii[e] jour de juingn iiii[c] xxxiiii soubz la court de monseigneur le viconte de Chastellerault faisant mencion comme Pierre Gannes a aloué et certiffié à Symon de Vic, bourgeois de Chastellerault, certaines ventes faites par Jehanne Disée, sa femme, aud. Symon de Vic de deux pièces de terre avecques autres choses contenues oud. conctraict.

---

1. Un Jehan Dorin, qui est indiqué comme fils de Gillet Dorin de Châtellerault et qui pourrait bien être celui dont il est question ici, jeune homme de 18 ans, infirme, ayant demeuré deux ans à Poitiers chez Jean Pradeau, aumônier de l'aumônerie de Saint-Antoine de Saint-Hilaire-le-Grand et chanoine de ladite église, obtint, au mois de juillet 1453, des lettres de rémission pour meurtre par lui commis. Il avait, dans une rixe provoquée par celle-ci, frappé mortellement d'un coup de couteau la chambrière de sa grand'mère, avec laquelle il habitait. (*Arch. hist. du Poitou*, t. XXXII, p. 344 et s.)

Item une lettre passée par G. Nepveu le xiiiie jour d'octobre iiii^c lxii soubz la court de Chastellerault faisant mencion comment Reverend Père en Dieu frère Jehan Briant, abbé de la Celle de Poictiers, a baillé par permutacion d'eschange à honnorable homme Gillet Bouchet : c'est assavoir une pièce de terre contenant une minée de semence ou environ, et en recompense dud. eschange led. Bouchet a baillé aud. Reverend ; c'est assavoir une pièce de terre contenant sept boicellées de semence ou environ ovecques autres condicions contenues oud. conctraict.

Item une autre lettre passée par L. Marcadier et M. Laurens le xviie jour de may iiii^c lix soubz la court de Chastellerault faisant mencion comme Gillet Dorin eust fait crier et soubzbaster[1] certains doares et heritaiges qui furent à Lucas Regnauldin assis en lad. viconté de Chastellerault pour la somme de x escuz par composicion faite pour les arrerages de xx boiceaux de froment et ung chappon, le tout de rente.

Item une lettre passée par P. Acton et J. Grasteau le xe jour de mars iiii^c xlv soubz la court de Chastellerault et de l'official de Poictiers faisant mencion comme Lucas Regnauldin de Senillé a vendu à perpétuité à Jehan de Morry, bourgeois de Chastellerault, pour le prix de xii l. tz : c'est assavoir ung septier de froment mesure Chastellerault et ung chappon le tout de rente.

Item une lettre passée soubz la court de monseigneur le viconte de Chastellerault par L. Marcadier et M. Laurens le xviie jour de may iiii^c lix faisant mencion comme Jehan de Morry, juge de Chastellerault, a vendu à perpétuité à honnorable homme Gillet Bouchet pour le prix de

---

1. Subhaster, vendre des héritages en public ; subhastation, vente à l'encan et cri public au plus offrant et dernier enchérisseur. M. de Ferrière dit que ce mot vient de ce que, chez les Romains, pour marque de vente publique, on mettait une haste ou pique dans le marché, ou dans le lieu où la vente devait être faite. (*Dictionnaire de Trévoux.*)

xv escuz d'or : c'est assavoir ung septier de froment et un chappon le tout de rente, en quoy luy est tenu ung nommé Lucas Regnauldin generaulment.

Item une autre lettre passée souz la court de monseigneur le viconte de Chastellerault par A. Dorin et C. Clemens le xiiiie jour d'aoust iiii^c lxii faisant mencion comme honnorable homme Gillet Bouchet a baillé par eschange à Jehan Nepveu l'esné : c'est assavoir une pièce de terre contenant vi boicellées de semence ; item une autre terre contenant v boicellées ; item une autre pièce de terre contenant iiii boicellées ; item une autre pièce de terre contenant iiii boicellées et pour recompense dud. eschange led. Nepveu a baillé aud. homme une pièce de terre contenant iii minées de semence ou environ.

Item une lettre passée soubz la court temporelle d'Angle et de la court dud. lieu passée par J. Guebaut et J. Delagarde le xvie jour de novembre mil iiii^c lv faisant mencion comme Gillet Dorin de Chastellerault et Lucas Regnauldin ont fait entre eulx ce qui s'enssuyt :

Comme il soit ainsi que led. Regnauldin fust tenu aud. Dorin en la somme de xx boiceaux de froment de rente et ung chappon pour demourer quicte de lad. rente a transporté aud. Dorin ; c'est assavoir la quarte partie par indivis de une pièce de terre appellée l'Aubue assise en la parroisse de Senillé, en laquelle a vignes et verger contenant trois minées de semence ou environ avecques autres condicions contenues oud. conctraict.

Item une lettre passée soubz les cours de Chastellerault par J. Patarin et C. Clemens le penultiesme jour d'octobre iiii^c lx faisant mencion de certains contens et debat entre led. honnorable homme Gillet Bouchet d'une part, et Marion Regnauldine, vefve de feu André Patarin, Perrin et Jehan Patarins, ses enffans, à l'octasion d'un septier de froment et ung chappon le tout de rente, qu'ung nommé Lucas Regnauldin avoit vendu à Jehan de Morry, juge de Chastellerault.

Item une lettre passée soubz la court de monseigneur le viconte de Chastellerault par P. Monyz le xixe jour de feuvrier iiii^c xlv faisant mencion comme Jehan Manteau et Pierre Manteau frères, parroissiens de Senillé, ont vendu à perpetuité à Guillaume de Vic pour le prix de ung septier et ung quartau de froment et ung rex et demy d'avoine à la mesure de Chastellerault, c'est assavoir le poignage d'un pré et de deux pièces de terre applain declairées oud. conctraict.

Item une lettre passée soubz la court de monseigneur le viconte de Chastellerault par P. Actonle xiiie jour de juing iiii^c xxxvi faisant mencion comme honnorable homme Guillaume Bouyn, gouverneur de Chastellerault, a baillé et arrenté pour mond. seigneur à Gillet Bouchet pour le prix de v solz ix deniers de cens, c'est assavoir une pièce de terre assise en Burlot en la parroisse de Senillé, contenant une minée de semence ou environ applain declarée oud. conctraict.

Item une lettre passée soubz la court de monseigneur le viconte de Chastellerault par J. Pontenier et J. de Morry le xviie jour d'octobre iiii^c xxx faisant mencion comme Symon de Vic, bourgeois de Chastellerault, a baillé par eschange à Jehan Gaulier, bourgeois de Poictiers, c'est assavoir ung houstel ou herbergement assis à Bonnoil Mathoire avecques les labourages, appartenances et deppendances d'iceluy, qui fut à Guillaume Faure, que led. de Vic a heu de feu maistre Herbert Taunay, et pour recompence dud. eschange led. Gautier a baillé et transporté à perpetuité aud. Symon de Vic ung sien houstel qui fut à feu Estienne Guichart assis la paroisse de Senillé assis auprès du Bornois, avecques la fuye et deux piecez de vignes, le tout applain declairé et speciffié applain oud. conctraict.

Item une criée et soubastacion faicte par J. Chillou signée

du sign et scel dud. Chillou faisant mencion comme il cria et mist en soubastacion à la requeste de Gillet Dorin par vertu d'un mandement de debitis et lettres obligatoires les heritages de Lucas Regnauldin pour la somme de x escuz de composition faicte pour les arrerages de xx boisseaux de froment et ung chappon, le tout de rente.

H. — Et premierement une lettre passée soubz la court de Montoiron par J. Nepveu le derrenier jour de feuvrier mil iiii^c xxxix faisant mencion comme Jenyn Charrier de Chastellerault a baillé et arrenté à Jehan Guillotin dit Barro, paroissien de Saint Sauveur d'Abornay, à deux boisseaux Chastellerault de froment de rente poiable à la Saint Michel, c'est assavoir une pièce de terre située et assise en lad. parroisse de Saint Sauveur.

Item une autre lettre passée soubz la court de monseigneur le viconte de Chastellerault par P. Acton et F. Delaroue le xiiie jour de mars mil iiii^c lvii faisant mencion comme Jehan Barbier de Senillé a vendu à perpétuité à Jenyn Quatrommes pour le prix et somme de vi escuz, c'est assavoir une pièce de terre assise en la parroisse de Saint Hillaire de Mons au dessus des Piraudières, contenant xii boicellées ou environ applain declairées oud. conctraict.

Item une autre lettre passée par J. Lucas et J. Rivière soubz la court de monseigneur le viconte de Chastellerault le xxviiie jour d'apvril mil iiii^c xxxiii faisant mencion comme Jehanne Disée a vendu et octroyé à Symon de Vic pour le prix et somme de quatre réaulx d'or, c'est assavoir une piece de terre assise en la parroisse de Saint Hilaire de Mons, contenant une septerée de semence ou environ plus applain declairée oud. conctrait.

Item une lettre passée soubz la court de monseigneur le viconte de Chastellerault passée par G. Dorin le xxviiie jour d'octobre mil iiii^c xxxix faisant mencion comme

Jehan Guillotin et Andrée, sa femme, ont baillé et transporté à Jehan Chaumont, paroissien de Saint Sauveur d'Abournay, c'est assavoir tous et chacuns les biens, immeubles et heritaiges, qui ausd. mariez à cause de lad. femme, peut compecter et appartenir de la suctession de feu Jehan Chaumont et Janete, sa femme, estans en lad. parroisse en poiant par ledit Chaumont les devoirs et... (*en blanc*).

Item une autre lettre passée par G. Dorin le ixe jour de mars mil iiii^c xli soubz la court de monseigneur le viconte de Chastellerault faisant mencion comme Jehan Guillotin et Andrée Chaumonde à cause d'elle, ont vendu à perpetuité à Jenyn Quatrommes et pour le prix de xl solz tz, c'est assavoir une vigne, verger et terre tenans ensemble, applain declairée oud. contraict.

Item une lettre passée par J. Rivière et C. Duboc le xxe jour d'octobre mil iiii^c xxxv faisant mencion comme Symon de Vic, bourgeois de Chastellerault, eust acquis par contraict de vente de Jehanne Disée, jadis femme de Pierre Gannes, pour le prix de quatre reaulx, c'est assavoir une pièce de terre assise en la parroisse de Saint Hillaire de Mons, comme tout ce appert en lad. lettre sur ce faicte et passée.

Item une autre lettre de sentence, donnée à l'assise du Bornois tenue par Aymer Dorin, seneschal dud. lieu, le xxiiiie jour de juingn l'an mil iiii^c lxx, signée dud. Dorin et de G. Nepveu pour registre, faisant mencion comme noble homme Gillet Bouchet estoit convenu à l'instance du procureur dud. lieu pour cincq solz de cens, comme il appert plus applain par lad. sentence sur ce faicte.

Item une autre lettre passée soubz la court de monseigneur le viconte de Chastellerault le xxve jour de janvier l'an mil iiii^c lxiii, passée par C. Champanille, faisant mencion comme Jenyn Quatrommes a delaissé et transporté à Mery Leigné et à Guillaume Peronnet comme procureurs de la fabrice de Saint Hillaire de Mons, pour demourer quicte envers lesd. procureurs et de la blée [1] de lad. eglise d'un boiceau de froment mesure Chastellerault de rente, c'est assavoir la moitié par indivis d'une pièce de terre contenant une minée de semence ou environ applain declairée oud. conctraict.

Item une autre lettre passée soubz la court de monseigneur le viconte de Chastellerault par G. Gaudin le xxiiii[e] jour de juingn l'an mil iiii[c] et xiii faisant mencion comme Huguet Disée, escuier, a baillé et arrenté à Jehan de Briolet de Saint Hilaire de Mons à la ferme ou rente de quatre boiceaux de froment mesure Chastellerault, c'est assavoir une pièce de terre assise en lad. parroisse aux Piraudières, contenant xx boicellées de terre ou environ applain declairée oud. conctraict.

Item une autre lettre contenant finance signée par J. Nepveu pour registre, donnée à l'assise du Bornois le xiii[e] jour de novembre l'an mil iiii[c] lviii, faisant mencion comment Jenyn Quatrommes a exilé et monstré ung conctraict passé soubz la court de monseigneur le viconte de Chastellerault par P. Acton le xiii[e] jour de mars iiii[c] lvii faisant mencion comme il a acquis de Jehan Lebarbier de Senillé pour le prix de v escuz, c'est assavoir une pièce de terre contenant xii boicellées de semence ou environ, assise en la parroisse de Saint Hillaire de Mons.

Item quatre lettres atachées ensemble dont en y a trois en latin et une en françois faisant mencion lad. lettre en françois passée lad. lettre par J. Dorin et J. Patarin le penultiesme jour de juillet mil iiii[c] li, passée soubz les cours de Chastellerault, faisant mencion de ung contens

---

[1] Lablée, vieux mot sous lequel on désignait l'aumône qui se distribuait à la porte de l'église, par les marguilliers à certains jours de l'année. On appelait aussi de ce nom de la blée la procession qui se faisait autour de certaines paroisses pour attirer les bénédictions du ciel sur les grains ensemencés ; elle avait lieu le jour de la Saint-Marc à Mortemer, le jour de la Saint-Jean à Bouresse et à Ambières, le mardi de la Pentecôte à Civray, etc.

et debat entre maistre Gilles Boutier, prebstre, curé de l'eglise de Saint Sauveur d'Abornay et de Saint Hillaire de Mons à Jenyn Quatrommes.

Item quatre autres lettres atachées ensemble dont en y a une en françois faisant mention lad. lettre en françois passée lad. lettre par L. Marcadier et J. Dorin le cinquiesme jour de may mil III^c XXXIX ès cours de monseigneur le viconte de Chastellerault et de monseigneur l'arceprebstre, messire Macé Cogordeau, curé de Saint Sauveur d'Abornay et de Saint Hillaire de Mons, a baillé et arrenté à Jenyn Quatrommes pour le prix et somme de ung septier de froment et XXV solz tz, c'est assavoir une place où souloit avoir maison. Item une pièce de terre tenant aud. presbitaire. Item une autre pièce de terre contenant une septerée ou environ, que tient de present Margarite Desmons, vefve de feu honnorable homme Gillet Bouchet, contenant une septerée de semence ou environ. Item une autre pièce de terre contenant quatre boicellées de semence. Item une autre pièce de terre. Item ung petit casson de terre ouquel il y a une roche contenant quatre boicellées ou environ. Item une autre pièce de terre contenant trois boicellées ou environ. Item une autre pièce de terre contenant quatre boicellées. Item une autre pièce de terre contenant quatre boicellées. Item une autre pièce de terre contenant une boicellée de terre, comme il appert plus applain, reservé aud. curé droit le deximal.

I. — Et premierement une lettre de Jehan, conte de Harecourt et d'Aumalle, viconte de Chastellerault, faisant mencion que, par consideracion des bons et agreables services que luy a faictz Jenyn Quatrommes, à icelluy donne et transporte le lieu et appartenances assis en la parroisse de Leigné les Bois, vulgaulment appellé le Breuil, appartenant à mond. seigneur le conte par la mort et trespas de feu Perrot de Chastellerault, daptées du IIIe jour de janvier

mil iiii^c xxxviii, signées par P. Thoreau pour monseigneur
le conte.

Item une autre lettre passée soubz les cours de Chastellerault, passée par S. Pontenier et J. Charrier, du xvie jour
de juingn mil iiii^c xli, faisant mencion comme Gallehaud
d'Aloigay a vendu et transporté pour le prix de xviii l. tz à
Jenyn Quatrommes à cause de plusieurs choses contenues
en lad. lettre.

Item une autre lettre passée soubz la court de Montoiron
et l'arceprebstre de Chastellerault par P. Lescossais et
S. Pouvreceau le xiie jour d'octobre mil iiii^c xl, faisant
mencion comme messire Pierre d'Aloigné, chevalier,
seigneur de la Groie, a baillé et arrenté aud. Quatrommes
et pour le prix de xxv solz. tz de cens poiable le dimenche
demprès la meoust, c'est assavoir toutes et chacunes les
terres terrageaux que led. chevalier a à Leigné les Bois au
dessous de la cousture de la Chatre, ovecques celles qui
sont au dedans de la Borde, avecques autres choses contenues oud. conctraict.

Item une autre lettre passée soubz les cours de Chastel-
lerault par J. Gaudin le xxiiie jour de janvier mil iiii^c ix
faisant mencion comme Mery Grasset de Leigné les Bois a
vendu à Guyon de Puygirault pour le prix de lv solz tz,
c'est assavoir quatre boiceaux de froment mesure Chastellerault poiable en chacune feste de Saint Michel.

Item une autre lettre passée soubz la court de monseigneur
de Chastellerault par Champanille le vi^e jour de feuvrier
l'an mil iiii^c lxi faisant mencion comme Jehan Bossac,
Estienne et Mathurin Bossac de Leigné les Bois ont vendu
à perpetuité aud. Quatrommes pour le prix de cent x solz
tz, c'est assavoir deux pièces de terre, dont l'une est assise
ès Vignauxen lad. parroisse contenant trois boicellées, et
l'autre est assise ès Effez contenant trois boicellées ou
environ, comme il appert par lad. lettre.

Item une autre lettre passée par S. Pontenier le xxe jour

d'octobre mil iiiie xx soubz la court de monseigneur
le viconte de Chastellerault faisant mencion comme
messire Seguyn de Puygirault a transporté aud. Quatrommes pour les bons et agreables services et c'est assavoir tous et chacuns les heritaiges que Mery Grasset avoit en
la parroisse de Leigné les Bois, à laquelle est atachée une
quictance signée par Jehan Nepveu à la requeste dud.
chevalier le xvie jour de juillet mil iiii^c lxii faisant
mencion comme Margarite Desmons, vefve de feu honorable homme Gillet Bouchet, poia à noble homme messire
Seguyn de Puygirault, chevalier, seigneur de la Broce,
ungns gans blans du prix de vi deniers qu'elle luy devoit
du tiers an en tiers an.

Item une sedule en pappier signée par Gallehott d'Aloigné le viie jour d'apvril mil iiii^c liii faisant mencion
comme led. Galleoth a confessé devoir aud. Quatrommes
xvi escuz pour la vendicion de ung cheval noir, ainsi qu'il
appert par une lettre passée par Jehan Rivière.

Item une autre lettre passée soubz la court de Montoiron par G. Dorin le xxviiie jour de janvier mil iiii^c xliii
faisant mencion comme Jehan Daillet de Leigné les Bois
a transporté aud. Quatrommes pour le prix de cent solz
tz, c'est assavoir une pièce de terre assise au Bois en lad.
parroisse, contenant de xvi à xviii boicellées, en laquelle
lettre a une estache signée de Galleoth d'Aloigné et de
S. Pontenier à la requeste dud. d'Aloigné scellée en cire
rouge, faisant mencion comme ledit Quatrommes a monstré aud. d'Aloigné led. conctraict et finence des ventes
et de l'amende du conctraict recellé à la somme de xv
s. tz.

Item une autre lettre passée soubz les cours de Chastellerault par J. Rivière et G. de Morry le xxe jour de feuvrier
l'an mil iiii^c xxxviii faisant mencion comme Guillaume
Compaignon de Leigné les Bois a transporté aud. Quatrommes, c'est assavoir les doaires et heritaiges contenuz

et desclairez en lad. lettre, et mesmement ung hostel appellé l'oustel de la Chauvetière.

Item ung autre conctraict passé soubz la court de Montoiron par G. Suyre le xixe jour de juingn mil iiii^c xli faisant mencion comme André Poitrault, alias Blanchart, de Leigné les Bois, a transporté aud. Quatrommes pour le prix de v l. tz, c'est assavoir une pièce de terre contenant vi boicellées, plus applain declairées oud. conctraict.

Item une autre lettre passée soubz la court de Montoiron par G. Suyre le xxiie jour d'aoust mil iiii^c xlii faisant mencion comme Macé Richart et Julien Meloteau et Julienne, sa femme, de Leigné les Bois, ont transporté aud. Quatrommes pour la somme de lx solz tournois, c'est assavoir trois pièces de terre contenues et declairées oud. conctraict.

Item ung adveu signé par Le Doulx à la requeste de Perrot de Chastellerault le xve jour d'apvril mil iii^c iiii^xx et deux faisant mencion comme led. Perrot de Chastellerault advouhe atenir de noble et puissant Josselin de Lezay, seigneur de Montoiron, à foy et homaige plain de v solz de devoir, c'est assavoir ung lieu appellé le Brueil et ses appartenances assis en la parroisse de Leigné les Bois.

Item une autre lettre passée par C. Augier le xve jour d'apvril mil iiii^c xxxvi soubz la court de la Roche de Pousay faisant mencion comme Jehan Grasset le jeune et Jehan et Jenyn Grasses ses enffans, Gillet Gourron, mary de Jehanne Grassete, sœur desd. Grasses, ont quicté et espons à noble homme Seguyn de Puygirault tous les heritages qui sont en la parroisse de Leigné les Bois.

Item une autre lettre passée soubz la court de monseigneur le viconte de Chastellerault par P. Acton le xxvie jour de may mil iiii^c xlv faisant mencion comme André et Mery Portraux frères, parroissiens de Leigné les Bois, ont vendu et transporté aud. Quatrommes pour le prix de

LX solz tz, c'est assavoir une pièce de terre assise à Leigné les Bois, contenant quatre boicellées de semence ou environ applain declairée oud. conctraict, ou doux de laquelle est fait mencion led. de Puygirault a receu dud. Quatrommes la somme de v solz x deniers tz pour les ventes.

Item une autre lettre passée soubz les cours de Chastellerault par J. Rivière et G. Guillebaut le xxiiie jour de feuvrier mil iiiie xLvii faisant mencion comme Galeoth d'Aloigné, seigneur de la Groie, confesse devoir aud. Quatrommes xx escuz pour la vendicion de ung cheval de poil noir, et pour demourer quicte envers led. Quatrommes a baillé et transporté, engage et espont aud. Quatrommes pour led. prix de xx escuz, c'est assavoir tous et chacuns les cens et rentes, drois et advenages tant en deniers, grains que poullailles que led. Galeoth peut avoir au-dedans de la parroisse de Leigné les Bois, comme est plus applain declairé oud. conctraict.

Item une autre lettre soubz la court de Montoiron pa G. Suyre le premier jour de may mil iiiie xLv faisant mencion comme Guillaume Compaignon de Leigné les Bois a vendu aud. Quatrommes pour le prix de cent solz tz, c'est assavoir une pièce de terre contenant trois boicellées declairée applain oud. conctraict, et au doux de laquelle est fait mencion que messire Guy de Puygirault a receu led. Quatrommes au retraict pour les ventes dud. acquest la somme de viii s. iiii d. tz.

Item une autre lettre passée soubz la court de monseigneur le viconte de Chastellerault par Champanille le vie de feuvrier mil iiiie Lxi faisant mencion comme Jehan Bessac, Estienne et Mathurin Bessas, ses enffans, de Leigné les Bois, ont vendu à perpetuité aud. Quatrommes pour le prix de Lxv s. tz, c'est assavoir une pièce de terre assise en la parroisse dud. Leigné appellée la Chaume Mitaut contenant trois boicellées de semence ou environ applain declairée oud. conctraict.

Item une lettre de ventes signée par A. Lucas à la requeste de André Lucas son père du xxe jour de juingn mil iiii^c lxi faisant mencion comme André Lucas, bourgeois de Chastellerault, confesse avoir receu de Jenyn Quatrommes la somme de vi escuz pour la finance faicte par led. Jenyn des ventes et honneurs par luy faictz de Guillaume Compaignon du lieu et appartenances de la Chauvetière avecques autres choses contenues en lad. finence.

Item une autre lettre passée soubz la court de Montoiron par J. Patarin le vi^e jour de feuvrier mil iiii^c xlvii faisant mencion comme Guillaume Compaignon de Leigné les Bois a vendu à perpetuité aud. Quatrommes pour le prix de cent solz tz, c'est assavoir une pièce de terre contenant v boicellées de semence ou environ applain declairée oud. conctraict.

Item ung adveu signé par J. Patarin à la requeste dud. Quatrommes le viiie jour d'octobre mil iiii^c liiii par lequel il advouhe atenir de noble homme Ythace de Nouroy à cause de sa seigneurie à foy et homage plain au devoir de v solz aux leaulx aidez, c'est assavoir ung lieu appellé le Brueil et ses appartenances assis en la parroisse de Leigné les Bois.

Item une autre lettre passée soubz les cours de Chastellerault par Champanille et J. Patarin le xvie jour de juingn mil iiii^c lxvii faisant mencion de ung contens et debat pendant en la court ordinaire de Chastellerault entre led. Quatrommes demandeur et compleignans d'une part, et messire Mathurin Ozenneau, prebstre, curé de Leigné les Bois, en nom et en gariment près de Guillaume Doucelin et de Jehan Blanchart, deffendeurs et opposans sur la question d'une pièce de bois et terre assise en lad. parroisse, contenant une minée de semence ou environ ; pour eviter led. proces led. Quatrommes s'est desisté de lad. conplaincte, parmy ce que led. curé a delaissé aud.

Quatrommes tout le droit qu'il avoit en lad. terre et bois et par oultre en une autre pièce de terre qu'il avoit tenans aud. bois.

Item une autre lettre passée soubz la court de monseigneur le viconte de Chastellerault par J. de Morry et P. Acton le merquerdi v^e de janvier mil iiii^c xlv faisant mencion comme noble homme Jehan Preudomme de Leigné les Bois a vendu à perpetuité aud. Quatrommes pour le prix de xvii l. tz marc d'argent vallant vii l. x s., c'est assavoir trois mines de froment mesure Chastellerault de rente rendue par chacun an à la feste Saint Michel.

Item une autre lettre passée soubz la court de Montoiron par J. Patarin et G. Dorin le xxviiie jour de janvier mil iiii^c xliii faisant mencion comme Jehan Preudomme de Leigné les Bois a vendu à perpetuité aud. Quatrommes pour le prix de xii l. tz marc d'argent au prix de vii l. v s. tz, c'est assavoir xx s. iii d. tz et deux boiceaux d'avoine mesure de Chastellerault, le tout de rente rendu par chacun an en chacune feste de Saint Michel.

Item une autre lettre passée par C. Champanille et P. Leclerc le iiie jour de juingn mil iiii^c lx soubz les cours de Chastellerault faisant mencion comme Jehan Preudomme eust baillé et ses enffans eussent baillé et transporté aud. Quatrommes des rentes : c'est assavoir ung septier de froment mesure de Montoiron et xx solz tz d'une part et deux boiceaux d'avoine mesure de Chastellerault [1] d'autre part ovecques trois mines de froment mesure susd. le tout de rente, et pour demourer quiete desd. rentes envers led. Quatrommes, c'est assavoir deux pièces de terre assises en lad. parroisse appellé Champ Chauvet,

---

1. Ici se trouve écrit en toutes lettres le mot : *Chastellerault*, tandis que partout ailleurs dans le manuscrit il est en abrégé. Cela nous fait connaître d'une façon certaine l'orthographe de ce nom en usage au xve siècle et qui diffère peu de l'orthographe actuelle.

contenant quatre septerées et xii boicellées de semence ou environ et l'autre contenant une septerée de semence ou environ appellée la Pantière plus applain declairées oud. conctraict.

Item une lettre passée soubz la court de Montoiron pour monseigneur de Crissé, seigneur dud. lieu, par G. Suyre le iiiie jour d'octobre mil iiii^c xl faisant mencion comme Jehan Preudomme de Leigné les Bois a vendu aud. Quatrommes pour le prix de xxiiii l. tz monnoie courante, c'est assavoir un septier de froment mesure dud. lieu de Montoiron et xx solz tz de rente rendue par chacun an à la Saint-Michel.

Item ung adveu du vi^e jour de juingn mil iiii^c lxxii signé par G. Nepveu à la requeste de Margarite Desmons, faisant mencion comme lad. Margarite, vefve de feu Gillet Bouchet, tant en son nom que comme tuteresse de ses enffans mineurs, advouhe atenir de messire Charles de Nouroy à cause de sa seigneurie de Montoiron à foy et homage plain au devoir de v solz aux leaulx aides, c'est assavoir ung lieu appellé le Brueil avecques les appartenences et deppendences de iceluy assis en la parroisse de Leigné.

Item une autre lettre signée par J. Nepveu pour registre donnée à l'assise de Montoiron pour noble homme Ytache de Nouroy, seigneur dud. lieu, le xviie jour de juingn mil iii^c liiii, faisant mencion comme maistre Jehan Lucas, licencié ès loix, seneschal dud. lieu, certiffiet que par davant luy a fait la foy et homage plain de son houstel du Brueil assis en la parroisse de Leigné les Bois, comme il appert par la lettre plus applain.

Item une autre lettre de recepcion d'omage signée par G. Nepveu pour registre et scellée en cire rouge faisant mencion comme Guillaume Lucas, licencié ès loix, comme seneschal de la seigneurie de Montoiron pour noble homme messire Charles de Nouroy, prebstre et seigneur dud. lieu, est venue lad. Margarite Desmons, laquelle a fait la foy et homage plain dud. lieu et appartenences du Brueil en dapte du xxie jour de may mil iiii^c lxxii.

Item une autre recepcion d'omage signée par G. Nepveu pour registre le derrenier jour de juillet mil iiii^c lxxii faisant mencion qu'elle advouhe atenir oud. nom dud. seigneur à foy et homage plain au devoir de v solz, assavoir led. lieu estans en la parroisse de Leigné les Bois.

Item une lettre de recepcion d'aveu signée par J. Nepveu pour registre le iiiie jour de janvier mil iiii^c liiii faisant mencion comme led. Quatrommes a rendu son fief des choses qu'il tient par homage de Montoiron de Ytasse de Nouroy, seigneur dud. lieu, comme il appert plus applain par les lettres susd.

Fait le xxiie jour desd. moys et an susd. par nous.

K. — Et premierement une lettre de sentence donnée par davant Jehan de Morry, juge de Chastellerault, le xve jour de novembre mil iiii^c lx scellée en cire rouge et signée par P. Acton pour registre, faisant mencion comme Jenyn Quatrommes par vertu de certaines lettres obligatoires et mendement de debitis que Symon Joubert, sergent du roy nostre seigneur, à la requeste dud. Jenyn pour estre poié de x septiers mine de froment arrerages de trois mines de froment mesure Chastellerault et vii escuz arrerages de ung escu de rente et viii l. viii s. tz escheuz de la somme de xxiiii solz tz de rente, luy estoient tenuz Jehan Leberthon dit Petit, Jehan Lecordonnier et Jehan Hubert, son gendre pour Collette Berthonne, sa femme, comme tout ce appert plus applain par lad. sentence prent et saisit les heritaiges et (en blanc).

Item une relaxion de criée et soubastacion faicte par led. Joubert, sergent susd., des heritages desd. Jehan Leberthon et Jehan Hubert et autres dessus nommés pour les arrerages des rentes dessusd. appartenans aud. Quatrommes, signée par S. Joubert, sergent susd., et scellée en cire rouge, datée en la derniere criée le jeudi xie jour de septembre l'an susd. mil iiii^c lx, comme tout ce appert plus applain par lad. criée et soubastacion.

Item une lettre perpetuelle passée soubz la court de monseigneur le viconte de Chastellerault par G. Nepveu et M. Belon le xiiiie jour de may mil iiii^c lxx faisait mencion comme Estienne Chiquart, parroissien de Notre Dame de Fressineau, pour demourer quicte luy et les siens envers noble homme Gillet Bouchet de ung septier de froment mesure Chastellerault de rente, a iceluy Estienne Chiquart baillé et transporté la moitié par indivis de une pièce de pré assise en la rivière de l'Auzon contenant journée de ung faucheur ou environ contenue plus applain oud. conctraict.

Item une autre lettre passée soubz la court de monseigneur le viconte de Chastellerault le derrenier jour de l'an mil iiii^c xxxiii passée par J. Ledoulx et par P. Lescossais faisant mencion comme Jehan Phelippot et Symon Fillonneau de Leigné les Bois et chacun d'eux ont vendu aud. Quatrommes pour le prix de xii reaulx d'or, c'est assavoir une maison, roche, vigne et appartenences d'icelle le tout tenans ensemble assis à Montoiron ouecques une pièce de terre contenant sept boicellées de semence ou environ, comme plus applain appert par led. conctraict.

Item une autre lettre passée soubz les cours de Chastellerault par J. Marrochon et J. Boutart le xviiie jour de janvier mil iiii^c lii faisant mencion comme Jehan Leberthon, Cordonnier et Gillete Roucelle, sa femme, de Saint Jacques de Chastellerault, ont baillé et arrenté à Estienne Boulet et Hilaire Boutine, sa femme, à la ferme rente ou moison de deux septiers de froment de rente poiable en chacunc feste de Saint Michel, c'est assavoir une maison assise ou village de Biart ovecques la clousure d'icelle assise en la parroisse de Chenevelles, le tout plus applain declairé en lad. lettre sur ce faicte et passée.

Item une lettre de sentence donnée par davant Jehan de Morry, juge de Chastellerault, signée par J. Pontenier pour registre en date du iiie jour de septembre l'an mil iiii^c lvii faisant mencion comment Jenyn Quatrommes eust fait saisir et mectre en la main de monseigneur une pièce de pré assis en la paroisse de Chenevelles qui fut à Jehan Leberthon et à sa femme à cause d'elle, contenant journée de ung faucheur et demy plus applain declairé en lad. lettre.

Item une autre lettre passée par le prieur et convent de Montoiron daptée de la feste de Saint Savin mil iiii^c lii faisant mencion comme feu Jenyn Quatrommes estoit tenu en vii boiceaux trois quars de froment, une gelline poiable à la Saint Michel, comme il appert plus applain oud. conctraict.

Item une autre lettre passée soubz les cours de Chastellerault par J. Nepveu et G. Nepveu le xxie jour de septembre mil iiii^c lv faisant mencion comme Jehan Leberthon dit Petit, Jehan Cordonnier et Gillete Roucelle, sa femme, ont transporté et arrenté à Estienne Boutet de Chenevelles pour le prix de deux septiers de froment de rente mesure de Montoiron, c'est assavoir une maison assise au village de Biart en la parroisse de Chenevelles ouecques la closure et autres choses contenues oud. conctraict.

Item une lettre contenant sentence datée du xiiiie jour de janvier mil iiii^c lxi signée par S. Pontenier faisant mencion comme Jenyn Quatrommes heust acquis de Jehan Leberthon dit Petit, Jehan Lecordonnier et Gillete Roucelle, sa femme, pour le prix de xx escuz, c'est assavoir trois mines de froment et ung escu le tout de rente, donnée lad. sentence par led. Pontenier comme seneschal de la justice de Isles la Jordenne et de Biart pour noble homme Olivier Levrault.

Item une relaxion de sergent de David Roger, sergent à Chastellerault, en date du xvie jour de juillet mil iiii^c lvii,

signée par led. Roger et scellée en cire rouge, faisant
mencion comme Jenyn Quatrommes bailla aud. sergent
les obligacions et debitis pour faire poier la somme de
VII septiers et demy de froment, en quoy luy estoit tenu
led. Jehan Le Berthon.

Item une lettre passée soubz les cours de Chastellerault
par C. Clemens et P. Clement le XIXe jour de juillet IIII^c LI
faisant mencion comment Jehan Leberton, mareschal, de
Saint Jacques de Chastellerault, a vendu et transporté aud.
Quatrommes pour le prix de XV escuz d'or neufz, c'est assavoir certaines choses comme il appert par la lettre faicte
et passée, etc.

Item une autre lettre passée soubz les cours de Chastellerault par C. Clemens et J. Patarin le XXIIIIe jour de septembre mil IIII^c L faisant mencion comme Jehan Leberthon
dit Petit, Jehan Cordonnier et Gillete Roucelle, sa femme,
de Chastellerault, et chacun d'eulx, ont vendu et transporté
pour le prix de XX escuz aud. Quatrommes, c'est assavoir
trois mines de froment et XVIII solz et ung escu, le tout de
rente conduite en chacune feste de Saint Michel en l'ostel
dud. Quatrommes assis en la parroisse de Senillé.

Item une aultre lettre passée par G. Ledoulx et J. Clemens le XXIIIIe jour d'apvril mil IIII^c LXIX soubz les cours de
Chastellerault, faisant mencion comme Richard de Lymosine,
vefve de feu Jehan Lucas, a baillé et transporté aud. Quatrommes tout le droit qu'elle pouvoit avoir en tous et
chacun les heritages qui furent à ung nomé Petit Jehan Le
Cordonnier, assis en la parroisse de Chenevelles, moiennant
XXIIII solz tz de rente que led. Quatrommes sera tenu poier
à la feste de Saint Michel à lad. Lymosine.

L. — Et premierement une lettre passée par M. Pidoil-
leau et J. Boisson le XXVIIIe jour d'apvril mil IIII^c LXX à la
requeste de sœur Bracherine de la Royauté, prieuse de la
Cloistre en Gironde, et frère Jehan Raslay, prieur dud. lieu,

faisant mencion comme lad. prieuse et prieur eussent baillé et arrenté à noble homme Jehan Havart une place vuide où souloit avoir molin assis au gué de Bertaut près Gironde avecques ung pré, chenevraux et vignes pour le prix de xx solz tz et deux chappons le tout de cens, comme tout ce appert plus applain par la lettre faicte et passée, lesquelles choses tient de present Gillet Bouchet, gouverneur de Chastellerault, èsquelles lettres est attachée la ratifficacion de l'abasse de Frontevaux en latin signée par G. Mosnerin, N. Boucheron, Perdriau, J. Grouart le penultiesme jour de juillet mil iiiie lx.

Item une autre lettre passée par A. Dorin et J. Paluau le xxixe jour d'aoust mil iiiie lxviii soubz la court de monseigneur le viconte de Chastellerault, faisant mencion comme jà piessà noble homme Jehan Havart eust pris du prieur de la Cloistre à xx solz tz et v chappons de rente une pièce de pré assis soubz Gironde contenant quatre journées de quatre faucheurs ou environ, ovecques plusieurs autres choses conctraict et transpors contenus oud. conctraict.

Item ung autre contraict passé par G. Vaulin le xiiie jour de juingn mil iiie lxviii soubz la court de monseigneur le viconte de Chastellerault, faisant mencion comme Martin Cadouant et Perrenelle, sa femme, eussent baillé et arrenté à Guillaume Cardenau pour trois boiceaux de froment de rente, c'est assavoir une pièce de vigne assise au Chastellier applain declairée en la lettre sur ce faicte et passée.

Item une autre lettre passée soubz la court de monseigneur le viconte de Chastellerault par J. Nepveu le vi^e jour de feuvrier l'an mil iiiie xxviii faisant mencion comme Mathieu Chauvin a baillé et arrenté à Colas Cosdret, de Chastellerault, pour le prix de vi s. viii d. de rente, c'est assavoir une pièce de vigne assise au Chastellier près la ville de Chastellerault, contenant journée de x hommes ou environ.

M. — Et premierement une lettre par A. Dorin et

S. Pontenier le xviii° jour de septembre mil iiii° xlix soubz la court de monseigneur le viconte de Chastelle-rault faisant mencion comme jà piessà Guillaume Chau-vin eust transporté à Richarde Lymosine pour le prix de xvi reaulx, assavoir est ung septier de froment, xx solz tz et i chappon le tout de rente plus applain declairé oud. conctraict, et par led. conctraict lad. Lymosine a soubretat lad. lettre, de laquelle lettre M n'y a riens pour ce que les lettres de lad. sont tenues de la susdite vefve Margarite Desmons.

N. — Item une lettre passée par A. Dorin et J. Dupuyz le xiii° jour de novembre mil iiii° lviii soubz la court de monseigneur le viconte de Chastellerault, faisant mencion comme Jenyn Quatrommes a baillé et arrenté à Gabriel Nepveu pour le prix de vi boiceaux de froment de rente mesure Chastellerault, c'est assavoir une pièce de terre contenant xx boicellées de semence ou environ plus applain declairée oudit conctraict.

Item une lettre passée par G. Suyre le v° jour de mars mil iiii° xli soubz la court de Montoiron, faisant mencion comme Jehan Arnoulx de Senillé a vendu audit Quatrom-mes pour le prix de lx solz tz, c'est assavoir quatre boi-ceaux de froment de rente, comme il appert plus applain par la lettre.

Item une autre lettre passée soubz la court roialle de Poictiers et à Chastellerault pour monseigneur le viconte le xxviii° jour d'apvril mil iiii° lxvi par J. Delacoiselle et Champanille, faisant mencion que damoiselle Jehanne De La Tour, vefve de feu Jehan de Naillac, a vendu aud. Quatrommes pour le prix de xi escuz, c'est assavoir deux solz vi deniers de cens que devoit par avant ung nommé Mathurin Bertrand à cause de feue Perrete sa femme, comme plus applain appert led. conctraict.

Item une autre lettre passée soubz la court de monseigncur le viconte de Chastellerault par S. Pontenier et G. Dorin le iiiie jour de feuvrier mil iiii^c xl, faisant mencion comme led. Quatrommes a baillé et arrenté à Symonnet Ledoulier, coustellier, et Guillemette de Laroche, sa femme, pour le prix de xvi solz tz de rente, c'est assavoir une pièce de vigne assise au Chastellier contenant journée de xvi hommes ou environ contenu plus applain oud. conctraict.

Item une autre lettre passée par A. Dorin soubz la court de monseigneur le viconte de Chastellerault le xviie jour de juillet mil iiii^c xlix faisant mencion comme Guillaume Boutet de Chenevelles a vendu aud. Quatrommes pour le prix de vi escuz, c'est assavoir onze solz tz de rente, en laquelle rente estoit tenu ung nommé Penon de Chenevelles comme plus applain appert par lad. lettre.

Item une lettre de finence de l'acquist desd. xi solz tz de rente du viie jour de juingn mil iiii^c lxiii signée par S. Marcadier, lieutenant du seneschal de Montoiron, et de J. Nepveu pour registre, faisant mencion comme led. Quatrommes a finé des ventes aud. lieu de Montoiron pour l'acquist desd. xi solz tz à la somme de xxvii solz vi deniers tz poiez.

Item une autre lettre passée par P. Lescossais et J. Nepveu soubz la court de monseigneur le viconte de Chastellerault le jour et feste Saint Jehan Baptiste mil iiii^c xlvi, faisant mencion comme Jenyn Quatrommes a baillé et arrenté à Symon Beliart, parroissien de Saint Sauveur d'Abornay, et pour le prix de xxi solz tz et 1 chappon de rente, c'est assavoir une pièce de vigne, une cheneviere et une pièce de terre, le tout tenant ensemble contenant vi boicellées de semence ou environ, comme applain appert par lad. lettre.

Item une autre lettre passée soubz la court de monseigneur le viconte de Chastellerault par S. Marcadier et J. Rivière le xviie jour de juingn mil iiii^c li, faisant mencion comme

maistre Guy Charrier a transporté aud. Quatrommes par
eschange, c'est assavoir xviii boiceaux de froment mesure
Chastellerault de rente, en laquelle rente estoit tenu par
avant cest fait aud. Charrier feu Pierre Chauvin, et en recompence dud. eschange de lad. rente led. Quatrommes a
baillé aud. maistre Guy une pièce de pré assise en la
rivière du Marays près Chastellerault plusapplain declairé
oud. conctraict.

Item une autre lettre passée soubz la court de Montoiron pour monseigneur de Crissé par J. Patarin le xvi° jour
de septembre mil iiii° xlix, faisant mencion comme led.
Quatrommes a baillé et arrenté à Jehan Gauvain de Senillé
pour le prix de xii boiceaux de froment de rente mesure
de Montoiron, c'est assavoir trois piccez de terre contenues
et declairées oud. conctraict sur ce fait et passé.

Item une autre lettre passée soubz la court de Montoiron par J. Patarin le xvii° jour de decembre mil iiii° xlviii,
faisant mencion comme Guillaume Perrain de Saint André
de Bonnes a vendu et transporté aud. Quatrommes pour
le prix de vii. l. tz, c'est assavoir x boiceaux de froment
mesure Chastellerault de rente, comme il appert plus
applain par led. conctraict.

Item une autre lettre passée soubz la cour de Montoiron le ii° jour de may mil iiii° xli par J. Mosnier et G.
Suyre faisant mencion comme Perrot Mosnier et Jehanne
Brassée, sa femme, parroissiens d'Availle, et chacun d'eulx
ont vendu aud. Quatrommes pour le prix de viii reaulx
d'or, c'est assavoir ung septier de froment mesure Chastellerault de rente applain declairé oud. conctraict.

Item une autre lettre passée par J. Patarin et J. Bardin
le vii° jour de may mil iiii° lxii soubz les cours de Montoiron et de la court de Chastellerault, faisant mencion
commeJehan et Collin Texiers, Perrine, Jehanne et Marion
Texeres frères et sœurs, parroissiens de Chenevelles, et
chacun d'eulx ont vendu aud. Quatrommes pour le prix

de xxiiii l. tz, c'est assavoir xxvii boiceaux de froment
mesure de Montoiron de rente, en laquelle rente estoient
tenuz ausd. les hoirs feu Guillaume Gellé d'Availle, comme
appert plus applain par lesd. lettres.

Item une autre lettre passée soubz la court de Montoiron par J. Mosnier et G. Suyre le segond jour de may mil
iiii^c xli faisant mencion comme Perrot Mosnier et Jehanne
Brassée sa femme, parroissiens d'Availle, et chacun d'eulx
ont vendu aud. Quatrommes pour le prix de quatre reaulx
d'or, c'est assavoir quatre boiceaux de froment, trois boiceaux d'avoine mesure Chastellerault et demy chappon
assis generaulment comme plus applain appert par led.
conctraict.

Item une autre lettre passée par C. Champanille le xviii^e
jour de mars mil iiii^c lvii soubz les cours de la Roche de
Pousay et de Chastellerault pour la court faisant mencion
comme Perrin Bobin de Senillé a vendu aud. Quatrommes
pour le prix de xxx solz tz, c'est assavoir deux boiceaux
de froment de rente mesure de Chastellerault annuelle et
perpetuelle, comme il appert par lad. lettre.

Item une autre lettre passée par C. Champanille soubz
la court de monseigneur le viconte de Chastellerault le
xviie jour de may mil iiii^c lxiii, faisant mencion comme
led. Quatrommes a baillé et arrenté à André Gauvain,
charpentier de Senillé, pour le prix de v boiceaux d'avoine
mesure Chastellerault de rente, c'est assavoir une pièce
de terre assise sur le village de Criage contenant vii boicellées de semence ou environ plus applain declairée oud.
conctraict.

Item une autre lettre passée soubz la court de Montoiron et l'arceprebstre de Chastellerault par J. Patarin et
J. Bardin le viiie jour de decembre mil iiii^c lxi, faisant
mencion comme led. Quatrommes a baillé et arrenté à
Denis Courtin, charpentier, parroissien de Chenevelles,
pour le prix de ung septier de froment, xii boiceaux

d'avoine mesure de Montoiron, xxx solz tz et une gelline le tout de rente, c'est assavoir une maison assise ou village de Biart en la parroisse de Chenevelles ouecques autres choses contenues oud. conctraict.

Item une autre lettre passée soubz la court de Montoiron par J. Patarin le xvi[e] jour de mars mil iiii[c] xlix faisant mencion comme Guillaume Macquain de Saint Senery a vendu aud. Quatrommes pour le prix de vii l. et demye tz, c'est assavoir x boiceaux de froment mesure Chastellerault de rente, en laquelle estoit tenu aud. Macquain par avant cest fait ung nommé Jehan Musson de Leigné les Bois pour raison de certains heritages, à laquelle lettre est atachée la lettre de finence des ventes et honneurs du conctraict cy dessus finé par led. Quatrommes par davant Loys Marcadier, lieutenant dud. seneschal de Montoiron, signée par J. Nepveu pour registre et finé à la somme de xxv solz tz.

Item une lettre passée soubz la court de monseigneur le viconte de Chastellerault par M. Escannelle le ix[e] jour de decembre mil iiii[c] lxvi, faisant mencion comme led. Quatrommes a baillé et arrenté à Jehan Gibault, texier de Leigné les Bois, pour le prix de x solz tz et ung chappon de rente, c'est assavoir une pièce de terre contenant ii boicellées de semence ou environ avecques autres terres et pré declairées oud. conctraict.

Item une autre lettre de sentence donnée en la conservatoire de Poictiers par J. Mourraud le xii[e] jour de mars mil iiii[c] lx, signé : Jernet pour registre, le greffier absent.

Item une lettre passée soubz lad. court de Montoiron par J. Patarin et G. Suyre le tiers jour de novembre mil iiii[c] xliiii faisant mencion comme Guillaume Boutet, sergent, et Jehanne Bertine, sa femme, et chacun d'eulx, ont vendu aud. Quatrommes pour le prix de x escuz vieulx, c'est assavoir ung septier de froment de rente mesure de

Montoiron assis generaulment, comme est declairé plus applain en lad. lettre, etc.

Item ung procès donné pardavant Jehan de Morry, juge de Chastellerault, le xviiie jour de novembre mil iiii^c lviii, signé par P. Acton pour registre et scellé en cire rouge, faisant mencion et du conscentement de Mayet Babin luy a esté faicte interrupcion de une pièce de pré assise à Chenevelles, que souloit tenir feu Guillaume Boutet applain declairé oud. procès deuz ne prejudice aud. Quatrommes qu'il ne puisse faire son ypotecque et led. obligé au paiement de ung septier de froment de rente mesure Chastellerault autreffois vendu par led. Boutet aud. Quatrommes.

Item une autre lettre passée soubz la court de monseigneur le viconte de Chastellerault par J. Rivière le xie jour de juingn mil iiii^c xlix faisant mencion comme led. Quatrommes a baillé et arrenté à Symon Goursault de Senillé pour le prix de iii boiceaux Chastellerault de froment et v solz tz, le tout de rente, c'est assavoir une pièce de terre estant en bois, genevriers et buissons, appellée à l'Ebaupin de la place, contenant iii septerées de semence ou environ plus applain declairé oud. contraict.

Item une lettre contenant finance, donnée pardavant maistre Jehan Lucas comme seneschal de Montoiron par noble homme Ytasse de Nouroy le xiie jour de may mil iiii^c lvii, signée par led. Lucas et J. Nepveu pour registre, faisant mencion comme Jenyn Quatrommes a exibé ung contraict passé soubz les cours de Montoiron et l'arceprebstre de Chastellerault comme il a acquis de maistre Pierre Sovyon, bachelier ès loix, de Chauvigné, pour le prix de l escuz, c'est assavoir trois septiers deux boiceaux de froment mesure Chastellerault et finé à la somme de vi l. v solz tz.

Item une relaxion de Guyon Dubois, sergent roial, signée par led. Dubois et sellé en cire rouge faisant men-

cion comme il certiffie à monseigneur le seneschal de
Poitou que le jeudi IIe jour d'aoust mil IIII^c LIX que led.
Quatrommes se opposa en une criée par moy faicte à la
requeste de maistre Jehan Favereau sur ung houstel avec-
ques ses appartenances, appartenant aud. maistre Pierre
Sovyon, assis en la paroisse d'Availle.

Item une cedulle en pappier du XXVIIIe jour d'octobre
mil IIII^c LIX faisant mencion comme il fut appointé entre
Jenyn de la Chambre et maistre Jehan Favereau touschant
ce que led. Favereau a fait crier et soubaster les choses
dud. Sovyon.

Item une lettre passée soubz la court de monseigneur le
vicomte de Chastellerault par P. Lucas et C. Clemens le
IXe jour de janvier mil IIII^c LI, faisant mencion comme
Jenyn Quatrommes a baillé et arrenté à Jehan Richou de
Leigné les Bois pour la ferme d'un septier de froment
mesure de Montoiron x solz tz et 1 chappon avecques
II solz v deniers de cens le tout de rente, c'est assavoir le
lieu, appartenances et deppendences du Brueil, assis en la
parroisse de Leigné les Bois, plus applain declairé oud.
conctraict.

Item une autre lettre passée soubz la court de Montoiron et l'arceprebstre de Chastellerault par J. Royer et
J. Bardin le VIIe jour de feuvrier mil IIII^c LXII faisant
mencion comme Josselin de Combez, Jehan de Fonbeurs,
d'Availle, et Jehan Chenagon de Nintré et chacun d'eulx,
ont vendu et transporté aud. Quatrommes pour le prix de
xv escuz, c'est assavoir trois mines de froment assis aud.
lieu de Montoiron, le tout de rente plus applain declairé
oudit conctraict.

Item une autre lettre passée par J. Patarin et J. Bardin
le ve jour d'apvril IIII^c LVII faisant mencion comme maistre
Pierre Sovyon, bachelier ès loix, de Chauvigné, tant
pour luy que pour Marie Signaude, sa femme absente,
laquelle fera rattifier, etc., a vendu et transporté aud.

Quatrommes pour le prix de L escuz, c'est assavoir deux piecez de terre assises sur Fontrault en la parroisse de Senillé, contenant xx boicellées mesure Chastellerault plus applain declairé oud. conctraict.

Item une lettre de ratiffiement de la lettre et vendicion cy-dessusd. passée soubz les cours de Montoiron et de monseigneur l'arceprebstre de Chastellerault par J. Bardin et J. Patarin le ixe jour de mars mil IIIIe LVII, faisant mencion comme Marie Signaude a loué et ratiffié led. conctraict fait par sond. mary aud. Quatrommes, comme plus applain appert par led. contraict.

Item une autre lettre passée soubz les cours de Chastellerault par M. Belon et P. Soucheleau le premier jour de juillet mil IIIIe LXXIII faisant mencion comme Margarite Desmons, vefve de feu Gillet Bouchet, et Guyon Delavau de Montoiron ont fait les appoinctemens qui s'enssuivent : assavoir que ledit Delavau a composé pour les arrerages de x solz tz de rente comme ayant le droit dud. Quatrommes pour la somme de x solz tz avecques autres choses contenues oud. conctraict.

Item une autre lettre passée soubz les cours de Chastellerault par M. Belon et J. Boutart le xxviie jour de septembre mil IIIIe LXXII, faisant mencion comme dès le ve jour d'apvril mil IIIIe LXX Jehan Potineau de Leigné les Bois eust vendu à feu noble homme Gillet Bouchet pour le pris de IIII escuz une mine de froment de rente et en lad. lettre est contenu que la vefve dud. feu a prolongé la grace donnée par led. feu aud. Guillaume et Geoffroy Potineaux de retraire lad. mine de froment de rente, comme il appert plus applain par led. conctraict.

Item une autre lettre passée soubz la court de Montoiron par J. Bardin le penultiesme jour de septembre mil IIIIe LXII faisant mencion comme Jehan Pondet le jeune de Montoiron a cogneu et confessé devoir aud. Quatrommes la somme de x solz tz de rente à cause de ung septier de froment de rente que jà pieça vendit aud. Quatrommes ung nommé Roger, comme il appert plus applain par lesd. lettres.

Item une autre lettre passée par G. Suyre le premier jour d'apvril mil iiii^c lvi soubz la court de Montoiron faisant mencion comme Thomas Godu de Senillé a vendu audit Quatrommes pour le pris de ung escu, c'est assavoir ung chappon et une gelline, en quoy estoient tenuz par avant ce conctrait Jehan Gauvain et Jehan Bastonneau à cause de certains heritages assis en la parroisse de Senillé.

Item une autre lettre passée soubz les cours de Chastellerault par M. Ledoulx le xxiiiie jour de mars mil iiii^c iiii^{xx} ix faisant mencion comme Huguet Disé a baillé et amoisonné à Hillairet Vairon de Saint Hilaire de Mons à la rente de x boiceaux de froment Chastellerault et ung chappon, c'est assavoir une pièce de vigne assise en lad. parroisse qui fut à Guillaume Gaboureau de Poictiers, comme appert plus applain par les lettres.

Item une lettre passée soubz la court de Montoiron par G. Suire le xiie jour de juillet mil iiii^c lviii faisant mencion comme led. Quatrommes a baillé et arrenté à Jehan Denyau de Senillé pour le pris de xx solz tz, c'est assavoir v solz tz au viconte de Chastellerault et xv solz aud. Quatrommes, c'est assavoir une pièce de terre assise enlad. parroisse, appellée la Pommeraye, contenant vi septerées de terre ou environ plus applain declairée oud. conctraict.

Item une lettre passée soubz la court de monseigneur le viconte de Chastellerault le xxviie jour d'apvril mil iiii^c lxvii, faisant mencion comme led. Quatrommes a baillé et arrenté à Jehan Gauvain, tixier, parroissien de Senillé, pour le pris de ii boiceaux de froment mesure Chastellerault et ii solz et i gelline de rente et ii deniers de cens, c'est assavoir une pièce de terre assise soubz Puygrimault, vulgaulement appellée la Chaumeterre, plus applain declairée oud. conctraict.

Item une lettre de finence faicte pardavant Jehan de Morry, juge de Chastellerault, le xiie jour d'apvril mil iiii^c lvi, signée par P. Acton et sellé en cire rouge, faisant mencion comme led. Quatrommes a acquis de Thomas Godu pour le pris de ung escu, c'est assavoir ung chappon et une gelline de rente, en laquelle rente estoient tenuz aud. Godu Jehan Gauvain et Jehan Bastonneau de Senillé et a finé pour les ventes à la somme de ii solz vi deniers, comme appert plus applain par la lettre.

Item ung procès contenant convenance de droit donné en la court ordinaire de Chastellerault le xxe jour de novembre mil iiii^c lx, signé par P. Laurens pour registre et Aymer de Morry, juge, et sellé en cire rouge, faisant mencion comme Josselin de Combes, parroissien d'Availle, a esté condemné de son conscentement poier à Guillaume Tesser de Chenevelles trois mines de froment pour composition des arrerages de iii mines et trois boiceaux de froment de rente.

Item ung autre conctraict passé soubz la court d'Angle par P. de Serus le viiie jour de janvier mil iiii^c lv faisant mencion comme led. Quatrommes a baillé et arrenté à messire Mathelin Ozenneau, prebstre, c'est assavoir une pièce de terre contenant ii boicellées ou environ assise près la fontaine Saint Rémy avecques une pièce de pré pour le pris de xx deniers de rente applain declairé oud. conctraict.

Item une autre lettre passée soubz la court de Plainmartin par M. Osennellé le iie jour d'octobre mil iiii^c lxi faisant mencion comme led. Quatrommes a arrenté à Guillaume Hervé de Leigné les Bois pour le pris de xx deniers de rente, c'est assavoir une pièce de pré assise en lad. parroisse au lieu de la Boessière, contenant demye journée de faucheur ou environ plus applain declairé oud. conctraict.

Item une autre lettre passée au conctraict à Poictiers

pour monseigneur le duc de Berry par Boutart le dimenche emprès octobre Saint Michel l'an mil iiii^c iiii^{xx} ii faisant mencion comme Pierre Chaumier, clerc, confessa et fusttenu à Jehan Charrier, clerc, en la somme de xx francs d'or, comme tout ce appert plus applain par les lettres sur ce passées.

Item une autre lettre passée soubz la court de monseigneur le viconte de Chastellerault par P. Lecossais et J. Nepveu le jour et feste Saint Jehan Baptiste mil iiii^c xlvi, faisant mencion comme led. Quatrommes a baillé et arrenté à Symon Behart de Saint Sauveur d'Abornay pour le pris de xxi solz et 1 chappon de rente, c'est assavoir ung casson de vigne, une chenevière et une pièce de terre le tout tenant ensemble contenant vi boicellées ou environ applain declairé oud. conctraict.

Item une autre lettre passée soubz la court de Montoiron par G. Suyre le quatriesme jour de juingn mil iiii^c xliii, faisant mencion comme Jehan Chicquart l'esné de Montoiron a vendu aud. Quatrommes pour le pris de quatre l. tz, c'est assavoir quatre soulz tz de rente applain declairé oud. conctraict.

Item une autre lettre passée soubz la court de Chastellerault par J. Rivière le xxvie jour de may mil iiii^c xxxvii, faisant mencion comme Jehan et Jamet Ledé, Mathurin Guilloteau et Perrete Naude, sa femme, et à cause d'elle et chacun d'eulx ont baillé et arrenté à Thomas Godu pour le pris de ung septier de froment de rente mesure Chastellerault, c'est assavoir leur hostel de Criage qui fut feu Jehan Moreau assis en la parroisse de Senillé comme appert plus applain par led. conctraict.

Item ung autre conctraict soubz la court de Montoiron par J. Mosnier et G. Suyre le quart jour d'octobre mil iiii^c xl faisant mencion comme Jehan et Jamet Ledé et Mathelin Guilloteau et Perrete Naude, sa femme à cause d'elle, ont vendu aud. Quatrommes pour le pris de xiii l. tz, c'est assavoir ung septier de froment mesure Chastellerault de rente, en laquelle rente estoit tenu paravant cest fait un nommé Thomas Godu, comme appert plus applain par les lettres sur ce faictes et passées.

O. — Item une lettre passée par G. Nepveu et D. Cornu le xxviie jour d'apvril mil iiii^c lxvii faisant mencion comme Gillet Bouchet a baillé et arrenté à Georget Thevenet de Senillé pour le pris de ii solz vi deniers de rente, c'est assavoir une pièce de terre assise ou terrouer de la Crèse en lad. parroisse contenant vi boicellées ou environ applain declairée oud. conctraict.

Item une lettre passée soubz les courts de Chastellerault par D. Cornu et A. Benenceau le ve jour d'apvril mil iiii^c lxx faisant mencion comme Guillaume Potineau, rouer de Leigné les Bois, a vendu à noble homme Gillet Bouchet pour le pris de quatre escuz, c'est assavoir une mine de froment de rente assise generaulment comme plus applain est declairé oud. conctraict.

Item une autre lettre passée soubz la court de Chastellerault par G. Nepveu et J. Paluau le xxviiie jour de mars mil iiii^c lxxi faisant mencion comme Gillet Bouchet a baillé et arrenté à Guillaume Puigray, mareschal de Senillé, pour le pris de xxx solz tz et ung chappon, le tout de rente, c'est assavoir ung jardin clox et fermé de muraille près de l'église de Senillé qui fut aud. Quatrommes contenant ii boicellées, etc.

Item une autre lettre passée soubz la court de Chastellerault par A. Dorin et P. Laurens le xvie jour de juingn mil iiii^c lxxiii faisant mencion comme noble homme Jehan de Cherbeye a vendu à Margarite Desmons, vefve de feu Gillet Bouchet, pour le pris de lxx escuz, c'est assavoir dix l. tz de rente generaulment, en laquelle somme led. de Cherbeye estoit tenu aud. Bouchet à cause de (*blanc*).

Item une autre lettre passée soubz la court de Chastellerault par G. Nepveu et J. Paluau du tiers jour de juingn mil IIII^c LXVII faisant mencion comme maistre Colas de Champanille de Senillé a vendu à noble homme Gillet Bouchet pour le pris de XXV escuz, c'est assavoir L solz tz de rente comme il appert plus applain par lad. lettre.

Item une autre lettre passée soubz les cours de Chastellerault et de l'official de Poictiers par M. Belon et P. Favereau le XIIIIe jour de may mil IIII^c LXXI faisant mencion comme messire Jehan Roullevin, prebstre, a transporté à noble homme Gillet Bouchet pour le pris de IIII l. II s. VI d. tz, c'est assavoir trois boiceaux de froment mesure Chastellerault et I gelline, le tout de rente assis generaulment comme appert plus applain par lad. lettre.

Item une autre lettre passée soubz la court de Chastellerault par G. Nepveu le XXIe jour de novembre mill IIII^c LXI faisant mencion comme led. feu Bouchet a baillé et arrenté à Jehan Garnier le jeune, de Saint Hillaire de Mons, pour le pris de V solz tz, c'est assavoir trois petitz cassons de terre, le tout contenant quatre boicellées plus applain declarées oud. conctraict.

Item une autre lettre passée soubz la court de Chastellerault par M. Belon le IIe jour de feuvrier mil IIII^c LXX faisant mencion comme Jehan Denyau a vendu audit Bouchet pour le prix de quatre l. tz, c'est assavoir VI solz VIII deniers tz monnoie courante de rente, en quoy estoit tenu aud. Denyau paravant cest fait ung nommé Guillaume Boutin, lequel s'est obligé puis après en lad. rente plus applain declarée oudit conctraict.

Item une autre lettre passée soubz la court de Montoiron par G. Suyre le XIIe jour de juillet mil IIII^c LVIII faisant mencion comme Jehan Denyau a baillé et arrenté à Jehan Barbier de Senillé pour le pris de XX deniers tz de rente, c'est assavoir une pièce de terre contenant VII boicellées assise à la Pommeraye plus applain declairée oud. conctraict.

Item une autre lettre passée à Chastellerault par C. Champanille le dernier jour de juingn mil iiiie lxii faisant mencion comme Jehan Denyau de Senillé a baillé et arrenté à Guillaume Boutin de lad. parroisse pour le pris de v solz tz de rente, c'est assavoir une pièce de terre en freusche assise en la Pommeraye contenant trois septerées de terre plus applain declairé oud. conctraict.

Item une autre lettre passée soubz la court de Chastellerault par J. Charrier le xvie jour de novembre mil iiii^c et viii faisant mencion comme Symon Estourneau de Senillé a confessé devoir à Symon de Vic deux boiceaux de froment de rente à cause d'une pièce de terre assise ou terrouer de Machereau en lad. parroisse de Senillé, contenant quatre boicellées de semence ou environ plus applain declairé oud. conctraict.

Item une autre lettre passée soubz les cours de Chastellerault par M. Laurens et D. Cornu le xxe jour d'octobre mil iiii^c lxi faisant mencion comme Godemarc de Vic a vendu à honnorable homme Gillet Bouchet pour le pris de ung escu et demy, c'est assavoir deux boiceaux de froment mesure Chastellerault, ès lesquelx deux boiceaux estoit tenu aud. Godemarc par avant cest fait ung nommé Symon Estourneau comme plus applain appert par led. conctraict.

Item une lettre passée soubz la court de Chastellerault par J. Marcadier et C. Duboc le xxie jour de juingn mil iiii^c lvi faisant mencion comme noble homme Jehan de Troussannille, escuier, comme procureur de messire Jehan Troussannille a cogneu et confessé avoir vendu à perpetuité à noble homme Gillet Bouchet pour le pris de liiii escuz, c'est assavoir v septiers de froment de rente mesure Chastellerault, en quoy estoit tenu paravant cest fait aud. chevallier Jehan de Benoistz, escuier, seigneur de la Fontaine.

Item une autre lettre atachée à la lettre cy dessus passée à Poictiers soubz les conctraicts pour le Roy nostre seigneur et soubz la court de Chastellerault par J. Charrer et S. Pontenier le xviie jour de may mil iiii^c xlii, faisant mencion comme Jehan de Benoist, escuier, parroissien de Poisay le Joly, a cogneu et confesse avoir vendu à perpetuité à noble homme messire Jehan de Troussannille, chevalier, pour le pris de l royaulx d'or, c'est assavoir v septiers Chastellerault de froment de rente assignez par especial sur son houstel et appartenances de la Fontaine generaulment, it.

Item une autre lettre passée soubz les conctraicts de Verneul par J. Guilbert le xxi^c jour de juingn mil iiii^c lvi faisant mencion comme noble homme messire Jehan Troussannille, chevalier, fist son procureur noble homme Jehan Troussannille, son filz, a vendu pour et ou nom de luy les susd. v septiers de froment de rente.

Item une autre lettre passée soubz les cours de Chastellerault par J. Daubeterre le xviiie jour de feuvrier mil iiii^c iiii^{xx} et quatre, faisant mencion comme Jehan Le Tourneur et sa femme ont baillé et affermé à Jehan Foucault et Jehanne, sa femme, de Chenevelles, à la ferme, rente ou moison de une mine de froment et ung chappon de rente, c'est assavoir ung habergement assis en la parroisse d'Availle avecques le verger et i boicellée de terre, le tout applain declairé oud. conctraict.

Item une autre lettre passée soubz la court de Montoiron par Fordegenoil le vi^e jour de décembre iiii^c xlix, faisant mencion comme Jehan Lymosin et Marion sa femme ont baillé à perpetuité à Pierre Brisson d'Asnières pour le pris de une mine de froment et i gelline, c'est assavoir ung herbergement assis en la parroisse d'Availle avecques le verger et une pièce de terre plus applain declairée oud. conctraict.

Item une autre lettre passée soubz la court de Chastellerault par G. Nepveu et J. Paluau le xiiie jour de septembre mil iiii^c lxvii, faisant mencion comme Jenyn Leherpeur a vendu à perpetuité à noble homme Gillet Bouchet pour le pris de x escuz d'or neufz, c'est assavoir xii boiceaux de froment, deux chappons et i gelline le tout de rente, en laquelle rente estoient tenuz paravant cest fait aud. vendeur ung nommé Pierre Brisson d'Availle en une mine de froment, i chappon et i gelline ; item ung nommé Symon Gascher quatre boiceaux de froment et i chappon comme appert plus applain par lad. lettre.

Item une autre lettre passée soubz les cours de Chastellerault par J. Chillou et J. Salmon le xxviiie jour de septembre mil iiii^c lviii faisant mencion comme Jehan Chicquart a vendu à Jenyn Le Grant dit Le Herpeur pour le pris de xi escuz d'or, c'est assavoir ung septier de froment mesure Chastellerault, deux chappons et une gelline de rente, en laquelle rente est tenu paravant cest fait aud. vendeur assavoir est Pierre Brisson d'Availle une mine de froment, i chappon et i gelline, Symon Gascher dudit Availle quatre boiceaux de froment et i chappon, le tout de rente, comme appert plus applain par led. conctraict.

Item une autre lettre passée soubz les cours de Chastellerault par P. Acton et J. Marrochon le xxvie jour de feuvrier mil iiii^c lv, faisant mencion comme Jehan Bodin et Marion Ytière, sa femme, ont vendu et transporté à Jehan Chicquart pour le pris de x escuz, c'est assavoir une mine de froment mesure Chastellerault, i chappon et i gelline, en laquelle rente est tenu par avant cest fait Pierre Brisson d'Availle et avecques ce a cédé et transporté aud. Chiquart quatre boiceaux de froment mesure susd. et ung chappon auquel estoit tenu par avant cest fait Symon Gascher de lad. parroisse, comme appert plus applain led. conctraict.

Fait le penultiesme jour de decembre l'an mil IIII^c LXXIII.

Item une lettre de contens et debat passé par Gilles de la Reaulie, P. Richomme, J. Breslay et J. Davy le XXIe jour de may l'an mil IIII^c LI faisant mencion comme Guillaume Delaunay, demandeur d'une part, et Jehan Bouchet, deffendeur d'autre part, sur ce que led. Guillaume disoit qu'à cause de Bracheline Espinne, jadiz femme de feu Michel Delaunay, père et mère d'iceluy demandeur, il estoit seigneur des terres de Prez, de Malleffe, Molins et la Mothe, comme tout ce appert par lad. lettre d'appoinctement donnée par lesd. arbitres.

Item une autre lettre passée par Bouchart et J. Depreaux le XIIe jour de novembre mil IIII^c XXXIX faisant mencion comme Michel Delaunay, escuier, et Bracheline Espinne, sa femme, par divers conctraicts pour leur grant necessité eussent vendu à Jehan Bouchet la somme de LXX escuz de rente, comme tout ce appert plus applain par led. conctraict passé soubz la court de Bourc Nouvel, it..

Item ung autre conctraict passé par J. Peschart et Eliatre le VIe jour d'octobre mil IIII^c LXV soubz la court de la Ferté Bernart, faisant mencion comme maistre Blaise Bouchet a vendu et transporté à Gillet Bouchet, son frère, c'est assavoir tout le droit qui aud. Blaise peut compecter et appartenir et qui luy est obvenu par la mort et trespas de feu Jehan Bouchet, leur père, jusques à la valeur de XXV l. tz de rente pour le pris de deux cens escuz, comme tout ce appert par led. conctraict.

Item une autre lettre passée soubz la court du Mans passée par G. Suffleau et L. Roier le VIe jour de juillet mil IIII^c LXIX faisant mencion comme noble homme Gillet Bouchet, filz aisné de feuz Jehan Bouchet et de Jehanne de Marsillé, sa première femme d'une part, et Guillaume Bouchet, son frère germain d'autre part, touschant la succession desd. feuz demoure ausd. frères germains et autres choses contenues oud. contraict comme il appert par iceluy.

Item une autre lettre passée soubz la court du Mans par A. Bauzon le xiiiᵉ jour de juillet iiiiᶜ Lxix faisant mencion comme Michel Le Boucher a vendu et transporté à Gillet Bouchet, seigneur de Malleffe, xii l. tz de rente poiable à deux termez à Noël et à la Saint Jehan Baptiste pour le pris de ivˣˣ ix l. tz, comme il appert plus applain par led. contraict sur ce fait et passé.

Item une autre lettre passée soubz la court de Bourc Nouvel par A. Demore et R. Lestore le iiᵉ jour de juillet mil iiiiᶜ Lxix faisant mencion comme Alyete, vefve de feu Jehan Bouchet, a constitué et establi son procureur general et especial Jehan de Lambarre, mary de Bratheline, sa fille, comme tout ce appert plus applain par lad. procuracion.

Item une autre lettre signée par G. Bouchet et J. de Lambarre le xiiᵉ jour de juillet mil iiiiᶜ Lxix faisant mencion comme noble Gillet Bouchet et Guillaume Bouchet confessent avoir baillé et transporté à Jehan de Lambarre et à Catheline Bouchet, sa femme, sœur desd. Bouchets, c'est assavoir le lieu et appartenances de la Coustardière avecques le bestail, comme tout ce appert plus applain par lad. lettre.

Item une autre lettre signée par G. Bouchet et L. Rouyer le xxviᵉ jour de juillet mil iiiiᶜ Lxix faisant mencion comme Gillet Bouchet, filz aisné de feu Jehan Bouchet, a baillé et transporté à Girarde Bouchete, sa sœur, pour son droit de partage de la suctession dud. feu le lieu et appartenances de Court Daulain, ainsi qu'il se poursuyt et comporte it.

Item une lettre sur le fait des fransfiez pour le Roy nostre seigneur ès païs et conté du Maine, de Mortain, de Gien et autres terres appartenans à mond. seigneur, signée par J. Peschart le vi^e jour de decembre mil iiii^c lviii, faisant mencion que les commissaires ordonnèrent Jehan Bouchet par davant eulx pour bailler par decleracion les choses qu'il tient noblement comme tout ce appert par lesd. lettres susd., èsquelles lettres sont annexées une quictance signée par J. Ruzé le penultiesme jour de may mil iiii^c lix faisant mencion comme led. Ruzé, recepveur desd. franffiez, confesse avoir receu de Jehan Bouchet par la main de Gillet Bouchet, son filz, la somme de trois cens l. tz, comme il appert plus applain par lad. lettre.

Item une autre lettre ou vidimus passé par J. Rivière et G. Ledoulx soubz la court de Chastellerault le xxiie jour de may mil iiii^c lix faisant mencion comme monseigneur le conte du Maine, pour les bons et agreables services que led. Bouchet leur a faictz, luy a donné la somme de trois cens l. tz, à quoy Jehan Bouchet, son père, a finé et composé aux commissaires des fransfiez, comme il appert plus applain par le vidimus.

Item une cedulle en papier signée Bouchet le xxixe jour de novembre mil iiii^c lxvi, faisant mencion comme Blaiz Bouchet confesse devoir à Gillet Bouchet, gouverneur de Chastellerault, la somme de xx^v (escuz) et icelle somme promect paier toutes et quanteffoiz qu'il luy playra.

Item une autre cedulle en papier signée Bouchet le xixe jour de may mil iiii^c lxvi faisant mencion comme led. Blaize Bouchet confesse devoir aud. gouverneur Gillet Bouchet la somme de xx^v lad. somme receue par la main de maistre Guillaume Suffleau.

Item une autre cedulle signée Bouchet le xiiiie jour d'octobre mil iiii^c lxv faisant mencion comme led. Blaize Bouchet confesse devoir aud. Gillet Bouchet la somme de xx^v et la promis payer aud. Gillet toutesfoiz que requis en seroit.

Item une lettre de recommandacion sans date signée Blaiz Bouchet, èsquelles lettres est fait mencion que led.

Blaiz confesse devoir aud. Gillet Bouchet xv^v receuz par la main de maistre Guillaume Dubec.

Sensuyvent les livres.

Premierement ung livre en papier couvert de cuir tané, nommé Bocasse, commencent en la derrenière ligne du premier feuillet : Restaindres de poursuyvre leurs plaisirs et voluntez, et en la première ligne du derrenier feuillet escript : Que pour l'amour de Dieu il luy pleust à ouvroir sa porte de l'ostel.

Item ung autre livre couvert de vert, nommé Bocase, commançant le segond volume du livre des Cent Nouvelles et commance cy après sur la vi^e journée dont Elysée est royne, et en la première ligne du derrenier feuillet : Aux escriptures pevent prouffilter et muer selon l'adversité, etc.

Item ung autre livre couvert de vieux cuyr rouge, commancent au segond feuillet en la table dud. livre : Censsuyt la table de cest livre et premierement le prologue dud. livre : Comme Dieu croya le monde, et en la première ligne du derrenier feuillet escript : S'en alla en Angullo, marinierement en Yberne et eut grace en celuy près qu'il appareilla, &.

Item ung autre livre nommé l'Aguillon de Craincte commancent en la première ligne de rouge : Venite, filii, audite me timorem &, et en la première ligne du derrenier feuillet escript : Et puys sy fut mené par le commandement du roy à son decolement.

Item ung autre livre nommé le Livre de la Rose couvert de vieux cuir rouge et se commence au premier feuillet : Doulce, discrecte creature desire à savoir par nature, mais grigneur desir doit avoir, et en la première ligne du derrenier feuillet escrit : Pour les feuilletez reverchez, &.

Item ung autre livre nommé le Livre des Ditz des phi-

lozophes, couvert de noir, commencent en la première
ligne du premier feuillet : Qui vieult oyr très beaux notables des philozophes vrayz estables, et en la première
ligne du derrenier feuillet commence : Ousas le chief dernier.

Item ung autre livre couvert de rouge et ferment à
eguilletes, commancent au premier feuillet : Cy commencent les merencollies Jehan Dupyn, et en la fin du derrenier feuillet : Le jeu des echez et comment chacun.

Item ung autre livre nommé le Livre Sainct Augustin
des soubz parleurs, contenant l'arme de Dieu, commancent au premier feuillet : Très noble et excellent prince
Jehan de France, duc de Normendie, et en la fin de la première ligne du derrenier feuillet : Et oras, à ceulx qui te
requerront.

Item ung autre livre en parchemin nommé le Livre des
Ars, commencent au premier feuillet : Cil qui vieult
auchun art aprandre à xii choses doit entendre, et en la
première ligne du derrenier feuillet : Prenez tout lever
pelutime (?) et couvert de rouge.

Item ung autre livre en papier couvert de vert, nommé
les Cent nouvelles, commencent en premier feuillet : Le
propre et droit office d'omme et de fame est qu'ilz, et
en la première ligne du derrenier feuillet : Et dire à celuy
qui te fait auchune chose, fa luy, etc.

Item ung autre livre en papier couvert de parchemin,
nommé le Livre de viellesse et jeunesse, commencent :
Très excellent, gloreux et noble prince Loys, oncle du
roy de France, et en la première ligne du derrenier feuillet : En l'eage de viellesse je vouz respons.

Item ung livre en papier et parchemin, nommé le Livre
des Quatre Dames, commancent au premier feuillet : Paix
eureuse fille du Dieu des Dieux, et en la première ligne
du derrenier feuillet : Amour l'a bien sceu et enquis.

Item ung autre livre en papier couvert de parchemin et

ymage dedans, commancent au premier feuillet : En temps que Jesus Christ print mort et passion en Jherusalem, et en la première ligne du derrenier feuillet : Monstres et autres, mais dient ilz Joseph d'Arimathie.

Item ung autre livre en papier appelé le Livre des xv joyes, couvert de parchemin, commancent au premier feuillet : Plusieurs ont travaillé à monstrer par grans raisons et auctoritez, et en la première ligne du derrenier feuillet : Marie qui est une des joyes dessusd.

Item ung autre livre en françoys escript en parchemin, nommé l'Ymage du monde, commancent au premier feuillet : Qui bien vieult considerer cest livre et scavoir comment il doit vivre, et en la fin : Ceste figure vous aprent.

Item ung autre livre en papier nommé le Livre curial, commancent au premier feuillet : Tu me admoniestes et enhortes souvent homme esloquent, et en la fin du derrenier feuillet : Leur humble disciple Nesson, etc.

Item ung autre petit livre en papier encommancent : A la très hault et exellent magesté des princes, à la très honnorée magnificence des nobles, et à la fin : D'entendement et pour prouffiter par bonne exortacion, etc.

Item ung autre livre en parchemin appellé le Livre appartenant à chevallerie, commancent : Ce premier livre enseigne à eslyre les juvenceaulx, et en la première ligne du derrenier feuillet : En l'isle de Contose les Sarasins.

Comptes.

Et premierement ung compte du grenier de Mayenne en parchemin, commancent en la première ligne du premier feuillet : Coppie du vidimus des lettres de nominacion de Monseigneur, et finissant en la derrenière ligne : Compotorum domini nostri Regis Parisius retenti et signati : Ph. Begué ; contenant led. compte dix feuillez entiers.

Item vingt comptes de l'argenterie de feue madame du Maine, dont il y en a cinq en papier qui sont clox, dix en parchemin qui sont pareillement clox et cinq autres en parchemin qui ne sont point clox, lesquelx vingt comptes sont relyez et cousuz en une peau de parchemin doublée.

S'ensuivent les choses estans à Senillé des biens meubles dud. feu Bouchet, fait le viiie de janvier l'an susd. ès presences de Gounyn Cresens et Jehan Grostel.

Premierement en la chambre basse ung lyt garny de coicte coissin, d'une couverture rouge avecques une autre petite couverture de drap d'Angleterre doublé de blanchet, estimé valloir le tout.   LX s.

Item une couchete garnie pareillement de coicte coissin et une couverture rouge prisez.   XL s.

Item ung grand coffre ouquel y a quatorze draps telx quelx.

Item y a oud. coffre six touailles d'estouppes prisez   XVII s. VI d.

Item led. coffre avecques les chaslyz desd. lyt et couchete, ung banc tourneys, table, brechietz, ung buffet ferment à deux guyschez, une chieze plaine, six escabeaulx, prisez le tout ensemble l'un portant l'autre.   XLII s. VI d.

Item ungs landiers, palle et tenaille, prisez   XII s. VI d.

Item une terciere, une choppine à vin, et une choppine à eau, deux platz, six escuelles, le tout d'estaing, prisez   XXV s.

Item en la chambre haulte de dessus la Rue y a deux chaslyz, ung banc tourneys clox et ferment à deux clefz, ung buffet aussi ferment à deux clefz, prisez le tout XL s.

Item ung ciel avecques les courtines de sarge de Can rouge qui ne vallent guères.

Item ung landiers prisé   VII s. VI d.

Item en la chambre derriere lad. haulte chambre ung viel coffre, ung petit basset et ung autre petit coffre, le tout ferment à clef et ne vault guères.

Item en la cuisine a deux grisgles, troys poysles d'acier et deux poysles d'arain, l'une contenant une seiglée et demye et l'autre demye, prisé le tout l'un portant l'autre

XXVII s. VI d.

Item VI tasses d'argent plaines martelées ou font poyzant IX mars, une once, trois quars.

Item deux potins d'argent à douelles et trois sallieres à pié plaines samblablement d'argent, paissanz quatre mars.

Item XII cuilleres d'argent poissanz ung marc et demy.

Item en argent cassé compris un petit mirouer d'argent, pessanz le tout demy marc d'argent.

Signé : Ay. de Morry. — P. Laurens.

APPENDICE

Acte d'échange intervenu entre Jean Briant, abbé de la Celle Saint-Hilaire de Poitiers, et Gilet Bouchet, argentier de la comtesse du Maine et gouverneur de la ville et vicomté de Châtellerault. (Orig., parch., archives de la Vienne H ı, 1. 66.)

1462, 14 octobre.

Sachent tous presens et advenir que en droict en la court du scel estably aux contracts à Chastelleraud pour très hault et très puissant prince monseigneur le conte du Maine, viconte dud. lieu de Chastellcraud, en droit personnellement estably reverend père en Dieu frère Jehan Briant, abbé de la Celle de Poictiers, d'une part, et honnorable homme et saige Gilet Bouchet, argentier de très haulte princesse madame la contesse du Maine et gouverneur de lad. ville et viconté dud. Chastelleraud, d'autre part, lesquelx et chacun d'eulx ont cogneu et confessé avoir fait et passé entreulx les conctracz d'eschange des choses cy dessoulz declareez en la forme et manière qui s'enssuit. C'est assavoir ledit reverendt père en Dieu abbé susd. avoir baillé, ceddé et transporté et octroyé à perpetuité, tant pour luy que pour ses successeurs abbez de lad. abbaye et convent dud. lieu de la Celle de Poictiers, par nom et tiltre d'eschange faisant audit honnorable Gillet Bouchet adce present prenant, retenant, stipullant et acceptant au prouffit de luy et des siens heritiers et successeurs et qui cause auront de luy ou temps advenir, assavoir est une pièce de terre contenant une minée de terre ou environ, tenant d'une part aux terres de Guillaume de Thorigné et de deux pars aux terres dudit honnorable et d'autre part aux terres de Jenin Quatre-hommes, ung terrier entre deulx. Et en recompense et eschange de ce faisant, ledit honnorable Gillet Bouchet a baillé, ceddé et delaissé et transporté apperpetuité pour luy et pour les siens heritiers et successeurs et aiant

cause audit reverendt père en Dieu mond. sieur l'abbé
dudit lieu de la Celle de Poictiers, ad ce present, prenant,
retenant, stipullant et acceptant au prouffit et utilité de
lad. abbaye susd. C'est assavoir une pièce de terre contenant sept boissellées de terre ou environ, tenant d'une
part à la terre du prieur de Senillé et d'autre part au
chemin tendant du gué de la Varanne à la Croix du perier, et
d'autre part aux terres de Guillaume Daugny, et d'autre part
à la terre de Jenyn Perrin, ung terrier entre deulx, moyen-
nant lequel dit eschange faisant icelluy dit honnorable
Gillet Bouchet pour estre et demourer luy et les siens perpetuellement quicte exhimé et deschargé de quatre boiceaux de froment de rente envers religieux et honneste personne frère Jehan Duboc, prieur du prieurté de la Magdeleine du Bournois, membre deppendant de lad. abbaye. Et
aussi pour estre et demourer quicte pour luy et les siens de
deux deniers tournois de cens envers noble homme Pierre
Daulx, escuier, seigneur du Bournois, a baillé, quicté et
delaissé à perpetuité audit religieux frère Jehan Duboc,
prieur susd., estably en lad. court susd., ad ce present
prenant, retenant, stippullant et acceptant au prouffit de
luy et de ses successeurs prieurs dudit prieurté susd. C'est
assavoir une pièce de vigne contenant quatre journées
de homme de besche ou environ, tenant d'une part au
chemin tendant du Bournois à l'eglise de Senillé, et d'autre
part au vergier dudit prieur, et d'autre part à la closure
dudit Jenin Quatrehommes, en paiant et acquiptant doresnavant perpetuellement par ledit prieur et ses successeurs
prieurs dudit lieu lesd. deux deniers de cens aud. seigneur
du Bournois, et l'avoir tenir, joir, user, posseder et explecter
lesd. choses susd. ceddées et transportées l'une partie en
l'autre par ledict eschange et appoinctement faisant doresnavant perpetuellement, franchement, paisiblement et en
repoux, cedans et transportans l'une partie en l'autre et
ès leurs susd. tous et chacuns les droiz, noms, raisons,

actions et tiltres faisans seigneuries et pocessions qu'ilz
avoient et avoir povoient et devoient èsd. choses susd. transportées par ledit eschange faisant l'un à l'autre. Et desd.
choses transportées d'une partie en l'autre se sont departiz et
desaissis et s'en sont vestuz et saisis l'une partie l'autre
par la tradition et octroy de ces presentes. Promectans
lesd. parties et chacunes d'elles : assavoir est ledit reverendt
père en Dieu mond. sieur l'abbé dud. lieu de la Celle de
Poictiers, et ledit prieur dudit lieu de la Magdeleine par la
foy et serment de leurs corps et soubz l'obligacion du
temporel delad. abbaye et prieurté susd. lesd. choses
susd. transportées et ceddées oudit eschange faisant oudit
honnorable et èssiens susd. garir, garenstir, des-
livrer et deffendre de touz empeschemens, charges et
devoirs quelsconques. Et ledit honnorable, pour luy et
pour les siens par la foy, et serement de son corps et soubz
l'obligacion de touz et chacuns ses biens meubles et immeubles, lesd. choses susd. ainsi ceddées et transportées par
led. eschange faisant garir, garentir, delivrer et deffendre
de tous empeschemens quelxconques, en paiant et acquiptant par ledit prieur et ses successeurs, prieurs dudit lieu,
lesd. deux deniers de cens audit lieu du Bournois, et
amander l'une partie à l'autre et aus leurs susd. touz coustz,
mises, dommaiges interetz et despens qu'ils auront et sous-
tiendront on temps advenir l'une partie par deffault de
l'autre tant par deffault de garriment que de l'acomplis-
sement de l'effect et contenu en sesd. presentes, et en ester
et croire sur ce au simple dit et serement de la partie en
dommaigée sans autre preuve. Renonçans sur ce lesd.
parties et chacune d'elles et mesmement lesd. abbé et prieur
susd. pour eux et pour leurs successeurs, abbez et prieurs
desd. lieux susd., à toutes et chacunes exceptions,
et decepcions tant de droit que de fait quelconques à ces
presentes contraires, à tout droit canon et civil, escript et
non escript, et au droit disant generale renonciation non

valoir de et sur ce que dessus est dit tenir, garder et acomplir de point en point, ont esté lesd. parties et chacune d'elles pour elles et pour les leurs, à leurs requestes et de leurs consentements, jugées et condempnées par le jugement de lad. court, et le scel d'icelles à ces presentes originairement triplées du consentement desd. parties avons mis et appozez en tesmoign de verité. Donné et fait ès presences de noble homme Pierre Daulx, escuier, seigneur dudit lieu du Bournois, et Jenin Quatrehommes, dit de la Chambre, le XIIIIe jour d'octobre l'an mil cccc soixante et deux.

Nepveu.

MISCELLANÉES

I

CHARTE EN LANGAGE POITEVIN (1249).

Ce document est une des plus anciennes chartes qui nous aient conservé témoignage de la langue parlée en Poitou au XIIIᵉ siècle. On ne connaît en effet pour notre région que deux actes antérieurs à celui-ci écrits en langue vulgaire [1], l'un qui ne serait pas postérieur à 1223, intéressant, comme la présente charte, le département de la Vendée [2], l'autre de 1238, originaire d'une localité comprise aujourd'hui dans le département des Deux-Sèvres [3]. Les caractères du dialecte poitevin ont été parfaitement dégagés par Ewald Görlich, et l'étude du présent texte ne révèle aucun fait nouveau. Il nous suffira de citer quelques exemples empruntés à la pièce ci-dessous publiée des principaux phénomènes phonétiques et morphologiques propres au pays où elle a été rédigée.

PHONÉTIQUE. — L'*a* libre [4] devant *n* donne un son qui peut être noté par *ei* : *mein* 8 [5]. — La loi de Bartsch n'a pas d'effet : *juger, jugé* 12. — L'*a* devant *l* se conserve dans *daus* 2, 3, 4, *iqau* 17, le groupe *au* n'ayant pas le son d'une diphtongue, mais un son intermédiaire entre *a* et *o* comme le prouvent les variantes de la graphie : *do* 2, *chastea* 2, *Guilleame* 31, *sea* 40. — Le suffixe *-ariu-* aboutit à *er* : *Borsadere* 10. — L'*a* entravé devant *n* ne se distingue pas de l'*e* dans la même position : *apertenences* 4, *anviron* 5.

L'*e* fermé libre devient *ei* : *mei* 2, 3, *aveir* 9, *deit* 11, *meis* 33.

L'*e* ouvert demeure tel : *fe* 16, 20, même suivi d'un élément palatal : *dime* 7, 17, 18.

---

1. D'après la liste publiée par E. Görlich, *Die sudwestliche Dialekte der langue d'oïl*, Heilbron, 1882 (*Französische Studien herausgegeben von A. Körting und E. Koschwitz, t. III*).
2. Publié par A. de La Borderie, *Ancienne charte française des archives de la Loire-Inférieure* dans *Bibliothèque de l'Ecole des chartes, t. XV* (3ᵉ série, t. V, 1854), p. 433.
3. Publié par L. Rédet, *Anciennes chartes françaises conservées aux archives du département de la Vienne, ibid.*, p. 87.
4. Il s'agit ici et dans la suite des toniques, sauf indication contraire.
5. Les chiffres renvoient aux lignes de l'original.

L'*o* fermé libre ne se diphtongue pas : *segnor* 2, *ennors* 3, *antecessor* 8, 22, *religios* 30. — Devant *m* ou *n* en toutes positions il s'écrit fréquemment *u* : *cum, cuntens* 2, *volunté* 25, 28.

On notera dans le traitement des antétoniques l'affaiblissement de *a* en *e* dans *menere*, le passage de *e* à *a* dans *davant* 23, de *e* à *o* dans *domendes* 18, et le phénomène inverse dans *ennors* 3.

Le phénomène de consonantisme le plus caractéristique du sud-ouest est la vocalisation constante de l'*l* dont on a cité des exemples ci-dessus, à l'étude de l'*a*. Pourtant une exception se rencontre : *sael* 28, 30, forme empruntée sans doute aux chartes françaises où elle est fréquente.

Le *t* final se conserve à la troisième personne du présent de l'indicatif : *parlet* 26. — Après *n* il passe souvent a *d* : *vendes* 3, 4, *rendes* 19.

L'*s* s'introduit parasitement avant *t* dans *austres* 7, 18, 19, *montenst* 7, *drestures* 15, *ostrei* 19.

Le *c* final devient *i* dans *lois* (*locos*) 4, 6.

Le *v* dans la même position tombe sans laisser de trace : *no* (*novem*) 33.

Morphologie. — Les règles de la déclinaison sont observées, pourtant l'*s* s'est abusivement amalgamé avec le *t* dans *saluz* 2, *desusdiz* 41 ; on remarquera aussi l'emploi au cas régime de la forme du cas sujet *maire* 29.

L'adjectif possessif de la première personne est au cas sujet *mis* 26.

Le pronom démonstratif neutre apparaît sous la forme *o* 5.

La première personne du présent de l'indicatif n a pas de terminaison : *otrei* 15, 16, *quit* 19 ; pourtant après *n*, un son guttural s'est dévelopé marqué par *c* : *donc* 15, ou *g* : *dong* 20. Le même développement apparaît au présent du subjonctif *venge*.

La troisième personne du singulier de l'imparfait de l'indicatif est régulièrement en poitevin en *ot* : *avoot* (*advocabat*) 9.

Les premières personnes du pluriel sont en *am*, jamais en *om* comme dans d'autres textes poitevins : *pocham* 27, *donam* e *otreum* 34, *avam* 39.

Les troisièmes personnes du pluriel sont en *ent* au présent de l'indicatif : *montenst* 7, en *eant* ou *ant* au présent du subjonctif et à l'imparfait de l'indicatif : *seant* 25, 37, *apartenant, deveant* 11.

Signalons enfin la graphie de la troisième personne du singulier du conditionnel : *feret* 10.

Clovis Brunel.

Accord entre Thibaut Chabot, sire de Rocheservière et du petit château de Vouvent, et Aimeri des Oulières, son homme lige, au sujet du fief des Oulières.

Original de parchemin. Hauteur, 420 mm. ; largeur 195 mm. Collection de la Société des Archives historiques du Poitou [1].

A [2] toz ceos qui veront e oiront iceste *presente* lettre, Thebaus Chaboz [3], sires de Rochecervere e ‖ [2] do petit chastea de Vovent, saluz en *nostre* Segnor. Sachez que *cum* cuntens fust entre mei, ‖ [3] d'une part, e Aimeri daus Oleres mon home lige, d'autre, sus les vendes, e les otreis, e les en- ‖ [4] -nors daus terres, e les vendes de totes autres choses daus Oleres, e daus a*par*tenences, e daus lois ‖ [5] d'anviron les Oleres qui sunt en ma segnorie en la *par*roifei de Maerevent, e *cum* o fust o tot ‖ [6] cuntens entre mei e lo dit Aimeri de la juridic*i*on, e daus plais tenir daus diz lois, d'eritages, de ‖ [7] terres, d'austres choses, e daus amendes, e daus gages, qui ne montenst otre seit sos e dime a le- ‖ [8] -ver davant celui Aimeri e *par* sa mein, les q*u*aus choses totes desus dites cil Aimeris e si antecessor ‖ [9] aveant tenu e esplete a lor domeine, e les avoot cil Aimeris a aveir e a tenir de mei en son ‖ [10] demeine o ses autres choses q*ue* il a de mei en sa ligance, e q*ue* il feret d'ico quant q*ue* hom liges en ‖ [11] deit faire, e je deise q*ue* celles choses m'apartenant e deveant estre meies, a la *par*fin, enquise sor ‖ [12] cestes choses la verite, e l'an fis passer

---

1. Au dos, d'une main du xve siècle : « LX » ; — d'une main du xviiie siècle : « Trante deux ».

2. Les lettres abrégées sont restituées en italiques.

3. Thibaud Chabot, VIe du nom, mort vers 1251. Voy. Beauchet-Filleau, *Dictionnaire des familles du Poitou*, 2e éd., t. II (Poitiers, 1895), p. 178.

par lo jugement de ma cort, e li fut juge, e li fis juger en || [13] ma cort *que* les davant dites choses deveant estre soes, e li deveant remenir en domaine e en || [14] sa ligance o ses autres choses durablement a lui e a ses hers. E si en choses desus dites aveie o aveir || [15] poeie aucunes dres-tures, e les li otrei en son domeine, e les li donc durable-ment a lui e a ses hers || [16] en acressement de son fe *que* il a de mei, e de son homenage, e de sa ligance, e li otrei o tot en iqau me- || [17] -ime acressement dos sos e dime de destreit daus gages e daus amendes qui monteront ostre seit || [18] sos e dime. E totes les austres domendes *que* je aveie o aveir poeie vers lo dit Aimeri jusque a || [19] ceste jornee sus terres, sus eretages, e sus rendes, e sus austres choses, je li quit, e li ostrei les dites || [20] terres, heritages, rendes, e li dong en son domaine ensement en acresse-ment de son fe, de son || [21] homenage, e de sa ligance, durablement a lui e a ses hers *por quau* ne fust chose de *que* je poguisse || [22] mostrer mon espleit, o l'espleit a mes antecessors. E totes icestes choses desus dites, je || [23], Thebaudins Chaboz [1], valez, fils au davant dit Thebaut, ai otree e done ma fei a tenir || [24] e a garder, e *que* je en nulle menere venge encuntre, e tot co ai otree de ma bone vo- || [25] -lunte. E p*or* co *que* totes les choses desus dites seant plus fermes e plus estables en durablete || [26] audit Aimeri e a ses hers, je e Thebaudins mis fils, qui en ceste presente chartre parlet, ne || [27] pocham encu*n*tre venir, en ai done audit Aimeri e a ses hers, o lo cunsente-ment e o la || [28] volunte dau dit Thebaudin mon fil, icestes presentes lettres saalees de mon sael. E en-|| [29]-cores a maire certainnete e a maire fermete daus choses desus dites, je Thebaudins desus diz, || [30] *por* co que je ne ai sael, ai fait meitre e poser a ma requeste lo sael dau

---

1. Thibaudin Chabot, né vers 1220, mort vers 1270. Voy. Beauchet-Filleau, *ibid.*

religios ho- || [31] -me Guilleame [1] por la grace de Dei abbe de l'Asie en Gastine, en testimoine de verite. || [32] Co fut fait l'an de l'incarnation *nos*tre Segnor mil e dos cens e quarente e no, en || [33] meis de novenbre. E apres co, e Girars || [34] Chaboz [2] sires de Rais, e je Sebrans Chaboz sires de la Borsardere, donam e otream au- || [35]- dit Aimeri e a ses hers totes les choses desus dites, e tot lo dreit e lo dreituraige q*ue* || [36] nos avam e aveir poam e porriam vers lui o vers ses hers en choses desus dites li do- || [37] -nam, e li otream a lui e a ses hers. E por co q*ue* totes les choses desus dites seant plus || [38] fermes e plus estables en durablete audit Aimeri e a ses hers, e q*ue* nos ne poicham venir || [39] encuntre por raison de succession ne en autre menere, nos avam pose e mis en cestes pre- || [40] -sens lettres noz seias ensembleement o lo sea *nos*tre frere qui dessus parlet. Co fut fait || [41] e done en jor e en meis e en l'an de l'incarnat*io*u *nos*tre Segnor desus diz, co est a sa- || [42] -veir mil e dos cens e quarente e no.

Sceau de cire verte indistinct renfermé dans un sac de toile, et pendant sur double queue de parchemin. Trois autres doubles queues de parchemin ayant perdu leur sceau sont encore conservées.

---

1. Guillaume abbé de l'Absie au milieu du xiiie siècle. Voy. *Gallia christiana*, t. II, col. 1383.

2. Girart Chabot, sire de Rays, mort en 1264. Voy. Beauchet-Filleau, *op. cit.*, p. 195.

II

PIÈCES RELATIVES A LA DÉMOLITION DU CHATEAU DE FAYE
(1354-1368).

Les archives de la baronnie d'Aubigny et Faye ont été en partie conservées, grâce à la précaution qui avait été prise par M. François de la Broue, propriétaire de la baronnie, lors de l'exécution des décrets révolutionnaires visant la destruction des titres féodaux, de les cacher sous le plancher d'un appartement du château d'Aubigny, où elles restèrent dissimulées durant plusieurs années. Mais l'humidité d'une part, les rats de l'autre, avaient occasionné beaucoup de dégâts, et lorsqu'elles me furent communiquées, en 1881, pour en faire l'inventaire, par M. Charles de Lestang de Ringère, baron d'Aubigny, petit-fils de M. de la Broue, bien des objets cachés étaient détériorés. Dans ces archives, il se trouvait un dossier comprenant dix-huit pièces en parchemin, lesquelles avaient été cotées et paraphées au XVIIIe siècle, sans doute lorsque M. de la Broue fit l'acquisition du domaine d'Aubigny. Plusieurs de ces pièces furent communiquées à M. Rédet, mon prédécesseur; mais lors de la reconstruction du château de Boivre, commune de Vouneuil-sous-Biard, où elles étaient conservées, il s'en est encore adiré et particulièrement une pièce dont la copie, due à M. Rédet, s'est heureusement retrouvée dans l'importante donation qui fut faite par MM. de Lestang de Ringère en 1897 aux archives départementales de la Vienne, où elles constituent un fonds de 80 liasses, série Eⁿ 1183-1239.

A. RICHARD.

A

Acte d'assemblée des principaux habitants de la ville de Saint-Maixent, ratifiant un accord intervenu entre les députés des trois ordres du pays de Saint-Maixent et Nicolas Mercier, fondé de pouvoir de Savari de Vivonne[1], chev., seigneur de Thors, pour la démolition du château de Faye[2]. (Copie sur papier faite par M. Rédet d'après un vidimus authentique sur parchemin du 6 mars 1366 (v s.). Arch. de la Vienne, E^a 1178.)

1357, 4 et 5 octobre.

A touz ceulx qui ces presentes lettres verront et ourront, je Johan Grant, guarde du seel establi à Saint Johan d'Angely pour nostre seigneur le prince d'Acquictaine, salut en nostre Seigneur. Sachent touz nous avoir vehu et diligentement perlehu ung instrument non corrompu ny vicié en nulle part, seellé du seel jadis establi en la ville de Saint Maxent pour le roy de France, signé et marqué de Johan Praher, clerc de la diocèse de Poitou, public notaire de l'ottorité impérial, si comme il nous est apparu en prime face, commenssant en la seconde ligne *nostri domini Innocentii* et en la penultime *Regni*, duquel instrument la teneur de mout à mout s'enssuyt :

In nomine Domini, amen. Pateat universis per hoc presens publicum instrumentum quod anno ejusdem millesimo ccc^{mo} quinquagesimo septimo, indicione decima, pontifficatus sanctissimi in Christo patris ac domini nostri domini Innocencii divina providencia pape sexti anno quinto, die mercurii post festum beati Michaelis, videlicet quarta die mensis octobris, congregatis et coadunatis

---

1. Savari de Vivonne, ancien capitaine souverain de Poitou et de Saintonge pour le roi de France, seigneur de Thors, d'Aubigny et Faye, époux de Mahaut de Clisson, veuve sans enfants de Guy de Bauçay. (Voir la notice consacrée à ce personnage, *Arch. hist. du Poitou*, t. XII, p. 153, note.)

2. Ce château, sis paroisse de Nanteuil près Saint-Maixent, occupait un plateau escarpé de 25 à 30 pas de large, au milieu des bois, au point de jonction de trois vallées ; une profonde tranchée, creusée dans le rocher, l'isolait du promontoire qu'il terminait. Il y a lieu de croire qu'il ne consistait que dans une grosse tour remplaçant une primitive fortification en bois. Il n'a jamais été relevé de ses ruines.

apud Sanctum Maxencium in cappitulo conventus fratrum
minorum dicte ville Sancti Maxencii, venerabilibus et ho-
nestis viris et religiosis abbatibus monasteriorum ville
Sancti Maxencii et de Chastellariis, sancti Benedicti et Cis-
terciensis ordinum, Pictavensis diocesis, magistro Michaele
Casse, jurisperito, chancellario de Noyon, et religioso viro
priore claustrali dicti monasterii Sancti Maxencii, et nobi-
libus viris domino Constantino Asse, milite, cappitaneo
pro domino rege Francie ville et castellanie Sancti
Maxencii, domino Guydone Fromont, milite, Petro de
Fourest, magistris Guillelmo Juvenis et Andrea Fradini,
jurisperitis, Guydone des Frans, Aymerico Bonyot et Johanne de Beauchamp, armigeris, Hugone Militis, Johanne
Andrault et Durando Rodealme, burgensibus et habitantibus dicte ville Sancti Maxencii, ex una parte, et Nycholao
Mercier, procuratore nobilis et potentis viri domini Sava-
rici de Vivonne, domini de Thors, d'Aubigny et de Faye,
et nomine procuratorio predicto, ex parte altera, ad tracta-
tendum et deliberandum in et super demolicione castelli
de Faye predicti, quod distat à dicta villa Sancti Maxencii
per dimidiam leucam vel circa, ne incideret in manu et
potencia inimicorum, quod esset magnum periculum et
destruccio tocius ville et chastellanie antedicte, volentes
super hujusmodi facto viriliter providere cum conssensu et
voluntate et sicut placuerit illustrissimo principi domino
Karolo, duci Normannie, delphino Viennensi, locum tenenti
domini regis Francie, aut nobilissimo et potentissimo viro
domino Guillelmo de Crahon, militi, ejus locum tenenti,
fecerunt, concordaverunt, et adhuc faciunt et concordant communi consenssu in presencia mei notarii et testium subscriptorum, scilicet Stephani de la Barre et Johannis de Montfort, valetorum, convenciones, concordaciones
et acta contenta et transcripta in quadam sedula plecta
per Johannem Andraut, cujus vero cedulle tenor de verbo
ad verbum sequitur in hec verba : .

Comme religieux hommes et honestez abbez de Saint Maxent et des Chastelliers, et honorable homme et sage mestre Micheau Casse, chanceler de Noyon, et religieux homme et honeste le prieur de cloistre de l'abbaye de Saint Maxent et pluseurs auttres gens d'eglise de lad. ville, et nobles hommes mon sieur Constantin Asse, chevaler, cappitaine pour le roy nostre sire de lad. ville et chastellanie de Saint Maxent, mon sieur Guys Fromont, chevaler, Pierre de la Forest, mestre Guillaume Janvre, mestre André Fradin, sages en droit, Guyon des Frans, Aymeri Bonyot et Johan de Beachamp, escuyers, et Hugues Chevaler, Johan Andraut, Durant Rodealme, bourgoys et habitans de lad. ville de Saint Maxent, lesquiex sont la plus saine partie des habitans es estatz dessud. de lad. ville et chastellenie, et Nycolas Mercier, procureur de noble et puissant seigneur mon seigneur Savari de Vivonne, sire de Thors, aians povoir dud. sire de fayre demolir led. chastel de Faye qui est dud. seigneur, present noble dame madame Mahot de Clisson, dame de Thors, assemblez on chappitre des Freres Menneurs de lad. ville de Saint Maixent pour traicter du demoliment dud. chastel de Faye, qui distet de demie leue de lad. ville de Saint Maixent, lequel est en lieu solitaire et insidié nuyt et jour des ennemis, et pour le doubte qu'il avoient que led. chastel fust prins desd. ennemis, laquelle chouse si elle avenoit seroit en tres grant destruction et domage de lad. ville et de tout le pais, et en reguart ad ce que led. sires est prisonner et sa terre guastee desd. ennemis, et qu'il a ung chastel appellé Aubigny distant à demie leue dud. chastel de Faye [1], auquel chastel d'Aubigny guarder et faire gait

---

1. Aubigny, château féodal à demi ruiné, commune d'Exireuil.
Les deux châtellenies d'Aubigny et de Faye étaient d'ancienneté dans la vassalité de l'abbaye de Saint-Maixent et appartinrent successivement aux puissantes familles de Chabot et de Rochefort ; elles passèrent aux Vivonne par le mariage de Savary II de Vivonne avec Eschive de Rochefort. Après la révolte de Guy de Lusignan en 1242, le

convenent bien les habitans et hommes des terers desd. lieux de Faye et d'Aubigny, sont parlées et accordées entre les dessusd. tant pour eulx que pour les autres habitans de tous les estatz dessusd. de lad. ville et chastellenie, o ce qu'il plaise à mon seigneur le duc de Normandie, lieutenant du roy nostre sire ou à mon sieur Guillaume de Crahon, son lieutenant en Poictou, Tourainne, Anjo et au Maynne, les chouses qui suivent : Premerement que led. lieu sera demoly par les gens de lad. ville et du païs à leurs devis, pour laquelle chouse faire et desendomager led. sire de Thors, les dessusd. religieux, nobles et habitans pour eulx et pour les autres habitans de lad. ville et chastellenie ont octroié que chescun prelaz et archeprestres de lad. ville et chastellenie aideront chescun deux moutons d'or, et les prieurs chescun ung mouton d'or, et les prestres, curez et autres aiians temporalitez paieront chescun demi mouton d'or, et chescun chevalier un mouton d'or, et chescun escuer ung escu d'or, et les habitans de lad. ville et bourgoys d'icelle le fouage de deux ans paié en une fois, et les habitans de lad. chastellenie au dehors de lad. ville le fouage d'un an paié à une fois. Item que les hommes habitans en la terre dud. chastel de Faye yront faire guet et reregait aud. chastel d'Aubigny tout aussi comme si eulx fussent de la terre dud. chastel d'Aubigny et ne seront point contrains de venir aus guetz ny aus gardes dud. chastel de Sainct Maixent ny de lad. ville tant comme eulx yront au guet et garde dud.

---

roi saint Louis, dans le dessein de constituer une châtellenie royale au centre du Poitou, se fit abandonner par l'abbaye la suzeraineté de la châtellenie d'Aubigny. Mais les deux grands fiefs d'Aubigny et de Faye n'en restèrent pas moins unis dans la même main et quoiqu'ayant deux suzerains distincts, le roi et l'abbé de Saint-Maixent, ils constituaient une baronnie unique, qui fut érigée par Henri III en faveur de René de Villequier, premier gentilhomme de sa chambre. La baronnie d'Aubigny et Faye comprenait 119 fiefs directs répartis dans 24 paroisses. (Voy. l'introduction aux chartes de l'abbaye de Saint-Maixent, *Arch. historiques du Poitou*, t. XVI, p. XLI-LII.)

chastel d'Aubigny. Item a volu et accorde ledit mon sieur l'abbé de Saint Maixent que durant ces presentes guerres, sanz prejudice, led. mon sieur Savari de Vivonne, sire de Thors, à sa propre personne tant seulement, puisset mettre et tenir en prison aud. chastel d'Aubigny, qui muet dud. mon sieur l'abbé et duquel led. mon sieur de Thors le tient, les forfaicteurs qui seront prins en lad. terre de Faie, lequel est tenu du Roy nostre sire, et ylent les questionner jusques à six ans tant seulement, sans ce que pour aucun des faiz dessud. ny pour aucunes chouses contenues en ces présentes il ne soit fait prejudice aud. mon sieur l'abbé de Saint Maixent ny aud. monseigneur de Thors, ny aucun appetissement de leurs drois de justice et jurisdicion hautes, moyennes et basses, franchises et libertez, saizines et possessions de sad. terre de Faie et qu'il n'en joie tout aussi comme il fasoit paravant le demoliment dud. lieu. Item que les clercs non mariez paieront comme vaussist le fouage si eulx y eussent mis au fouage derrerement levé en lad. ville et chastellenie. Item que l'argent de lad. ayde sera recehu par les collecteurs deputez autreffoiz pour led. fouage ou par autres qui y seront deputez si mestier est, et aporté à celli ou à ceulx qui par lesd. abbez et par messires Constantin Asse et Guy Fromont, chevaliers, et par Hugues Chevalier et Durant Rodealme ou par un de chescun desd. estatz sera commis et deputé à le recevoir, affin de le paier aud. seigneur de Thors, premerement demoli led. chastel, comme dit est. Et supplient les dessusd. pour eulx et les autres habitans de lad. ville et chastellenie des estaz dessusd. à mon seigneur le duc de Normandie, lieutenant du Roy nostre sire ou à mon sieur Guillaume de Crahon, son lieutenant, que lesd. chouses il vuyllet avoir agreables et les confermer et en donner lettres, et commectre aux sergens du Roy nostre sire de lad. chastellenie et à chescun pour soy de contraindre les rebelles, si aucuns en y avoit, de paier lad. ayde par prise

de corps et de biens, comme ceste chouse soit pour le bien,
seurté et prouffit de tout le pays.

Item die jovis sequenti, anno, mense, indictione et pon-
tifficatu quibus supra, in mei notarii publici infra scripti
presencia et testium subscriptorum, scilicet Hugonis Militis
et domino Petro Brissot presbytero, congregatis et coadunatis apud Sanctum Maxencium in abbatia dicte ville,
Guillelmo Maignee, Petro et Philippo Trenchans, Symone
Pagot, Johanne Pagani, Guillelmo Sacher, Johanne Fradini, Ludovico Bourgail, Thoma Pagani, Petro et Egidio Fra-
dini, Guillelmo Legayner, Roberto de Rez, Luca Chaney,
Johanne Caminelli, Johanne de Couhec, Philippo Lampner,
Perrotino Rouget, Johanne Berthelot, Yvoneto Hamon,
Nicholao Morelli, Petro Mari, Guillelmo Marquis, Johanne
Rodealme, tanquam procuratore, ut asserit rector ecclesie
parrochialis beati Saturnini, domino Thoma Rousselli,
presbytero, Guillelmo Rodealme, Johanne Mareschalli,
Johanne Gerverii, Andrea Mosnerelli, Johanne de May,
Johanne de Boysbertier, Johanne le Barriller, Johanne
Ogerii, Stephano Arliquet, Johanne Villani, magistro
Reginaldo de Sancto Gelasio, Guillelmo Gibot, Guillelmo
Mellin, Guillelmo Minet, Michaele de Champdener, Philippo Paynelli, Johanne de Hospitali, Guillelmo Parea,
Petro Chauveau, magistro Johanne Saffre, Guillelmo Brunet
et Matheo Ayraut, burgensibus et habitantibus dicte ville
et majorem et saniorem partem cum aliis personis supe-
rius nominatis continentibus dicte ville [1], ex una parte, et
dicto Nicholao Mercier tamquam procuratore dicti domini
de Thors, ex altera ; qui vero burgenses et persone habita-
tantes dicte ville, habito diligenter tractatu et consilio inter

---

1. On retrouve les noms de la plupart de ces bourgeois dans la liste
de ceux qui prêtèrent serment au roi d'Angleterre le 18 septembre
1361. (Bardonnet, *Procès-verbal de délivrance à Jean Chandos, commissaire du roi d'Angleterre, des places françaises abandonnées par le traité
de Brétigny*. Niort, Clouzot, 1865, p. 33.)

ipsos super omnibus et singulis contentis in dicta cedula
supra scripta, ipsam cedulam et omnia et singula in ea contenta, totumque tenorem ipsius, in mei notarii et testium
predictorum et dicti procuratoris presencia, laudaverunt,
approbaverunt, concordaverunt, ac eciam ad omnia et
singula in ea contenta consencierunt et adhuc concordant
et consenciunt pariter et approbant et confirmant pro se et
aliis burgensibus et cohabitatoribus dicte ville, super quibus premissis omnibus nobilis domina domina Mahot de
Clisson, domina de Thors, prout et in quantum in se est,
suum tribuit consensum pariter et adsensum ad omnia et
singula premissa et que libet premissorum ; ac similiter dictus Nycholaus Mercier, tanquam procurator dicti nobilis
viri domini de Thors et nomine procuratorio predicto,
de quo quidem procuratorio, sigillo dicti domini in
sera viridi sigillato, michi notario publico infrascripto ap-
paruit evidenter, omnia et singula in presenti publico
instrumento contenta laudavit, aprobavit, voluit et
concordavit sibique dari et fieri super premissis peciit à
me notario publico infrascripto publicum instrumentum,
suplicans nichilominus venerabili et honesto viro Johanni
de Lopital, gerenti sigillum senescallie Pictavensis apud
Sanctum Maxentium pro domino rege Francie consti-
tutum ut ipsum predictum sigillum regium huic publico
instrumento duceret apponendum. Nos vero dictus sigi-
liffer ad supplicationem dicti procuratoris et ad fide-
lem relacionem Johannis Praher, clerici, curie dicti
sigilli regii notarii et jurati, predictum sigillum regium
quod gerimus his presentibus litteris seu publico instrumento apposuimus in testimonium premissorum.

Ainsi signé : J. Praher. Et ego Johannes Praher, clericus
Pictavensis dyocesis, publicus auctoritate imperiali nota-
rius, omnibus et singulis premissis dum sic agerentur
una cum prenominatis testibus presens interfui et hoc
presens publicum instrumentum mea propria manu scripti

et in publicam formam redegi, signo que meo solito
signavi, requisitus et rogatus in testimonium omnium premissorum.

Pour le temoignage de laquelle vizion et inspection
des lettres desus transcriptes, affin que verité soit donnée
à ces presentes et tesmoignage en jugement et dehors,
et que lesdictes lettres ne soient corrompues, viciées, ny
perdues, si elles estoient portées d'un lieu à autre, à la
requeste dudit noble sire de Thors, avons à ces presentes
appouzé ledit seel de nostre sire le prince, que nous
guardons, pour le tesmoignage et perpetuelle memoire
des chouses avant dites. Ceu fut fait à Saint Johan dessus
le vi^e jour du mois de mars l'an mil ccc sexante et six.
Collat. par moy.

B. GALERTI [1].

---

1. La lecture du nom de ce notaire n'est pas certaine.

B

Procès-verbal de l'enquête faite par Philippe Maynzcart, chev., en vertu des lettres de Regnault de Gouillons, sénéchal de Poitou, don-
nées sur l'ordre du dauphin Charles, dans laquelle les principaux
nobles et bourgeois du pays de Saint-Maixent déclarent que l'accord
fait précédemment entre les députés des trois ordres dud. pays et Savari de Vivonne, seigneur de Thors, pour la démolition de son château de Faye, est des plus profitable aux dits habitants. (Vidimus du
4 février 1479 v s., parch., arch. de la Vienne Eⁿ 1178 [1].)

1357, 28 octobre.

Philippes Maynzcart, chevalier, commissaire en ceste
partie de noble et puissant homme monseigneur Regnault
de Goillons, chevalier et seneschal de Poictou, comissaire
en ceste partie de noble et puissant seigneur monseigneur
Guillaume de Crahon, viconte de Chastel Dun, lieutenant
ès parties de Bertaigne, d'Anjou et du Maine, de Poictou
et de Tourainne de monseigneur le duc de Normandie, dalphin de Vienne, aisné filz et lieutenant du roy nostre sire,
à Pierre Duboys le seelleur et au prevost de Saint Maixent
Jehan Coiffé, salut. Nous avons receu les lectres de monsieur le seneschal contenans qui s'ensuit :

Regnault de Gorgoillons, chevalier, seneschal de Poictou, à nostre amé mon sieur Philippes Maynzcart, chevalier,
salut. Nous avons les lettres de noble et puissant seigneur
monseigneur Guillaume de Crahon, viconte de Chasteau-
dun, lieutenant ès pays de Bertaigne, Anjou, le Maynne,
Poictou et Tourainne, de monseigneur le duc de Normandie, delphin de Vienne, ainsné filz et lieutenant du roy
nostre sire, à nostre amé messire Regnault de Goyllons,

---

1. Cette pièce et la précédente, sauf les formules de cette dernière,
dues à Jean Grant, garde du scel à Saint-Jean-d'Angely en 1367, sont
écrites à la suite l'une de l'autre sur une grande feuille de parchemin,
et sont l'une et l'autre signées des notaires de Saint-Maixent, Fournier
et Lemonayer. Dans le dossier primitif, elles étaient désignées par les
numéros *dix-sept* et *dix-huit et dernière*. La copie du notaire de
Saint-Jean-d'Angely étant meilleure que celle des notaires de Saint-
Maixent et leur étant bien antérieure, on a cru devoir la publier de
préférence.

chevalier, seneschal de Poictou et nostre lieutenant on pays dessusd., salut. Nous avons veu unes lectres seellée du seel real estably aux contraictz en la chastellenie de Saint Maixent contenans certains accords faiz entre le sires de Thors, d'une part, et les religieux, gens d'eglise, chevaliers et autres nobles, bourgeoys et communs de la ville, chastellenie, ressort et pays d'environ Saint Maixent sur le demoliment du chastel de Faye, appartenant au seigneur de Thors dessusd., plus à plain declairé esd. lectres, retenu et reservé sur ce le gré dud. monseigneur le duc ou le nostre, et Nicolas Mercier, procureur dud. seigneur, si comme il dit, soit venu par devers nous, requerans au nom de sond. maistre et desd. religieux, nobles, bourgeoys et communs que led. accors nous voulissons rattiffier, confermer et avoir agréables, fermes et estables, et affin que peril n'en peust ensuyr au pays ; pour ce est-il, nous à present occupez de plusieurs autres negoces et grosses besoignes touchant le fait des guerres, vous mandons, se mestier est commectons, et que vous vous transportez ès parties dessusd. de Saint Maixent, ou envoyez pour vous souffisantes personnes pour ce faire, et si les accors dessusd. et le contenu desd. lectres, lesquelles nous envoyons par devers vous, vous trouvez estre prouffitables pour le sauvement, bien et seurté dud. pays, et lesd. parties estre d'accord sur ce, vous en nostre nom icelles ratiffiez et conserviez comme nous feroions et faire pourroions si nous y estoions present ; ausquelles choses faire et acomplir nous vous donnons povoir et mandement especial, toutesvoyes par ainsi que le subside derrierement octroyé pour les guerres en lad. chastellenie et en celles parties ne soit en aucune chose pour cause desd. accors ou deppendances d'iceulx empesché ou annullé en aucune manière. Donné au Mans le xxe jour d'octobre l'an mil ccc cinquante et sept. Pour la vertu desquelles nous, empeschez à present de plusieurs groux et arduex negoces pour le fait des

guerres et autres pour lesquielz nous ne povons vacquer
à acomplir le contenu desd. lectres, confians de voz sens,
leauté et diligence, vous mandons et commectons, si mestier est, que appellez o vous nos amez Pierre de Fourest et
maistre Guillaume Janvre ou l'un d'eulx, pour et en lieu
de nous faictes et acomplissez toutes et chacunes les choses contenues esd. lectres selon leur teneur. Donné le xxvii[e]
jour d'octobre l'an de grace mil ccc cinquante et sept.

Lesquelles lectres nous ont esté presentées de la partie
de noble homme monseigneur Savary de Vivonne, seigneur de Thors, et unes autres lectres ausquelles ces sont
annexées, par la vertu desquelles lectres nous appellasmes
et ajoignysmes à nous maistre Guillaume Janvre, sage endroit, et fismes appeller par devant nous et led. maistre
Guillaume en la présence de Guillaume Taillepié, notaire
public de l'auctorité real à Saint Maixent, pluseurs chevaliers et escuiers et autres personnes pour savoir si les
accors et le contenu des lectres ausquielz ce sont annexez
sont prouffitables pour le sauvement, bien et seurté du
pays, desquielz personnes les noms s'ensuivent : premierement mon sieur Mangou de Melle, seigneur de Gascoi-
gnolle, mon sieur Jehan de Gourdon, mon sieur Pierre de
Gourdon, mon sieur Brient de Vareze, mon sieur Guillaume
Sangler et mon sieur Jehan Clerebaut, chevaliers, Pierre
de Faye, Jehan de Saint-Oenne, Audebert de Vareze et
Aymery de Thiac, escuiers, lesquelz nous fismes jurer ès
sains evangiles de nous dire verité sur les choses dessusd.,
lesquielz nous distrent par leurs seremens, eulx exami-
niez singulerement, que les accors et le contenu esd. lectres esquelles ces sont annexées, sont et estoient prouffitables pour le bien et seurté du pays, et aussi feismes
convenir aud. lieu de Saint Maixent Guyon de Quayray,
Pierre Bygot, Jehan Palu, Hugues Ytier de la Riviere,
Jehan Charpentier, Symon Bouchard, Jehan Favereau,
Pierre Guilleminet, Raymont Esmenon, Jehan de Faye

lesquielx nous fismes jurer qu'ilz nous respondirent verité
si les accors et choses contenues esd. lectres estoient bonnes et prouffitables pour le bien du pays, et les examinas-
mes en turbe, lesquielz nous responsirent en leurs seremens que ce estoit à leur advis et bonne conscience le bien,
seurté et prouffit du roy nostre sire et du pays ; derrechief
fismes convenir en autre tube Pierre Thomas, Geoffroy
Frappin, Aymeri Byrot, Pierre Marchais, Symon Berthi-
neau, mon sieur Jehan Graner, prebtre, Jehan Pelleguigne,
Guillaume Mainbot, Guillaume Arluzea et Jehan Philippon, lesquielx nous responsirent par leurs seremens, par la
forme et maniere que les autres dessus nommez, et la
cause qu'ilz rendoyent de leur tesmoignage si estoit pour
ce que led. chastel estoit en lieu solitaire, incidié de jour
en jour des ennemis du roy nostre sire et ne distoit que à
demie lieue de Saint Maixent et à demie lieue du chastel
d'Aubigné ou environ, qui estoit dud. sire de Thors, auquel chastel d'Aubigné garder et gayter convenoit bien et
estoient neccessaires les hommes, habitans et subgiez des
terres et seigneuries d'Aubigné et de Faye, et que led. sire
de Thors estoit prisonnier des Angloys, et que s'il advenoit
que led. lieu de Faye ou celluy d'Aubigné fussent perduz
et prins des ennemis le pays en seroit endomagé et en
adventure d'estre perdu, heu regart à ce que led. chastel estoit fort et on lieu où il estoit assis ; et aussi fcismes
appeller par devant nous et nostred. ajoingt les abbez,
religieux, chevaliers, nobles, bourgeoys et autres desquielz
les noms sont contenuz ès lectres consenties sur led. accords,
qui confesserent les accors et convenances contenues esd.
lectres estre vrayes, et les approuverent et ratiffierent ;
et ilecques vint et se assembla grant nombre de gens de
lad. ville et chastellenie qui eurent agreables les choses
contenues esd. lectres et les promistrent à tenir. Pourquoy,
nous eu advis et conseil o nostred. ajoingt et o plusieurs
autres par vertu des lectres dessus transcriptes à nous en-

voyées, avons loué, approuvé et confermé en lieu desd.
noz seigneurs et par le roy nostre sire toutes et chacunes
les choses, accors et convenances contenus esd. lectres,
ausquelles ces sont annexées, par ainsi que en cuyllant et
levant l'ayde dessusd. octroyé aud. sire, ne par ceste con-
firmacion soit empeschée en aucune maniere le subcide
octroyé par cause des guerres, qu'il ne soit imposé et levé
en lad. ville et chastellenie selon l'ordonnance de monseigneur le duc de Normandie, lieutenant et ainsné filz du
roy notre sire et de son lieutenant, et des gens des trois
estaz. Si vous mandons et à chacun de vous par soy et par
le tout commectons, ainsi que par l'un de vous sera co-
maincé par l'autre puisse estre reprins et pourachevé, contraindre les habitans de lad. ville et chastellenie à payer
aux depputez, à vous ou commectre par les gens de lad. ville
à lever lad. ayde aud. sire de Thors, promise pour fondre et
desmolir sond. chasteau de Faye, et l'argent qui cuilli et levé
en sera, bailler aud. sire de Thors led. lieu desmoly si et par
la maniere contenue esd. accors ; et vous donnons povoir
de establir collecteurs ès parroisses de lad. ville et chastellenie pour imposer et lever lad. ayde, et icelle levée bailler
par devers led. depputez generaulx, affin de la bailler aud.
sire de Thors par la maniere et forme contenue esd.
accors, et de faire toutes et chacunes les choses dessusd.
et deppendances d'icelles vous donnons povoir et auctorité par vertu du povoir à nous donné comme dessus est
dit. Et mandons et commandons à tous les subgiez du roy
nostre sire de lad. ville et chastellenie et à chacun par soy,
à vous ou à vos deputez en ce faisant obeissance entendue
diligemment, en contraignant tous les rebelles de lad. chastellenie à payer lad. ayde par prinse de corps et de biens si
mestier est. En tesmoign desquelles choses nous led. commissaire avons mis à ceste presente lectre nostre seel emprès le seign et subscripcion dud. notaire. Donné le xxviii^e
jour du moys d'octobre l'an de grace mil ccc cinquante

et sept. Et en la fin de ces presentes, auproys d'une croyz
par forme de seign, est escript ce qui s'ensuit : Et je Guillaume Taillepié, de Sainct Maixent en la dyocese de Poictou, de l'auctorité royal public notaire, de toutes et chacunes les choses... transcriptes fu present et icelles vi et
oy et par autre les ay fait escrire et les ay reddigées en
ceste presente publicque forme, et mon signe acoustumé
y ay apposé et mis ensembleement o le seel dud. mon sieur
le commissaire de ce suffisamment requis et en ay fait vraye
collacion. Donné par copie et collacion faicte à l'original
soubz les seigns manuelz de nous notaires cy dessobz
nommez le dixneufesme jour de fevrier l'an mil quatre
cens sexante dix neuf.

Fournier. Lemonayer.

C

Mandement du prince de Galles au sénéchal de Poitou portant, sur la requête de Savari de Vivonne, seigneur de Thors, que le château de Faye ayant été démoli sur l'avis et le consentement des députés des trois ordres du pays de Saint-Maixent, par ordre du régent de France, les hommes dépendant de cette châtellenie étaient obligés à faire le guet et arrière-guet au château d'Aubigny, autre domaine du sire de Thors, et non à Saint-Maixent comme prétendait les y contraindre Bertrand de Casilis, capitaine châtelain de cette ville [1]. (Analyse de cette pièce d'après un vidimus de l'an 1479 signé Fournier.)

(1368.)

---

1. Plus de la moitié de cette pièce ayant été rongée par les rats, avant que je l'aie consultée, sa publication intégrale aurait été impossible ; depuis elle a disparu comme d'autres parchemins ainsi qu'il a été dit dans la notice qui précède la publication du dossier relatif à la démolition du château de Faye.

D

La pièce qui suit complétant les renseignements fournis par les archives d'Aubigny sur la démolition du château de Faye et signalant des mesures analogues prises pour la destruction d'autres repaires de routiers, il a semblé bon de la reproduire à la suite.

A. R.

Lettre du Dauphin Charles, duc de Normandie, ordonnant qu'il soit rabattu une somme de 1.200 florins sur le subside de guerre dû par la ville et archiprêtré de Saint-Maixent, attendu qu ils avaient déjà payé ladite somme pour la destruction de châteaux forts qui incommodaient le pays. (Orig., parch. jadis scellé, Bibliothèque nat., fonds français 20582, pièce 24.)

20 février 1358.

Charles, ainsné filz et lieutenant du roy de France, duc de Normandie et dalphin de Viennois, à noz amez les generaulx esleuz à Paris au gouvernement du subside octroyé pour les guerres, salut. De la partie des habitans de la ville et arcepreveré de Saint-Maixent nous ait esté donné à entendre que comme pour rachater les chasteaux de La Libonière [1], de Gassay [2], et du Marez [3], lesquiex estoient detenuz et occupez par noz ennemis et par jceulz portoient grant dommage au pays, et pour achater le chasteau de Faye qui estoit au sire de Tors pour lequel le pais a moult esté endommagiez et pour yceulz chasteaux ainssi rachatez fondre et demolir il aient paié la somme de douze cens florins au mouton ou environ ou la value, de leurs propres deniers, et pour ce que vouz ou voz receveurs deputez de par vous en ladicte ville et arcepreveré

---

1. La Liborlière, seigneurie relevant de l'abbaye de Saint-Maixent, commune de Pamprou (Deux-Sèvres).
2. Grassay, seigneurie relevant de la tour de Maubergeon, commune de Benassay (Vienne).
3. Les Marais, seigneurie relevant de Celle-l'Evesquault, commune de Lezay (Deux-Sèvres).

n'avez voulu la somme dessuzdicte estre rabatue sur ledit
subside en ladicte ville et arcepreveré, yceulz habitans
n'ont voulu ne ne veullent ledit subside paier ne souffrir
icellui estre sur eulz levé : si nous ont supplié que sur ce
leur voullions pourveoir de remede convenable afin qu'il
soient desdomagiez de ce qui par eulz a esté paié pour les
causes dessusdictes, et aussi que ledit subside se puist
lever en ladicte ville et arcepreveré et ès lieux voisins, que
la somme des douze cens moutons ou la value par eulz
ainssi paiée pour le rachat et demoliement desdiz chasteaux
nous leur voullions rabatre sur le subside octroyé èsdiz
lieux, pour quoy eue consideracion aus choses dessus
dictes et au prouffit qui pour cause desdiz chastiaux ainssi
fonduz et demoliz puet venir au pays, lequel dores en
avant n'en sera mie ainssi endommagiez par les ennemis
comme il a esté au temps passé, inclinons à leur supplica-
tion, de grace especial voulons et vous mandons et à
chascun de vouz que vous faciez bailler ausdiz habitans
ou à eulx rabatre de, et sur ce qu'il devront du subside,
la somme des douze cens moutons dessuzdiz ou la value
ou ce qu'il vous apparaitra par eulz estre paié pour les
causes dessus declairées jusques à ycelle somme, et ce
faites et enterinez si et par tele maniere que lesdiz sup-
pliants n'aient cause d'en retourner pour ce plaintif par
devers nous. Donné à Paris, le xxe jour de fevrier, l'an de
grace mil ccc cinquante et sept souz le seel du Chastellet
de Paris, en l'absence du grant scel de notre dit seigneur.
Par monseigneur le duc, Julianus.

III

DOCUMENTS EXTRAITS DES ARCHIVES DU CHATEAU DE LA RIVIÈRE,
PRÈS DE LA TRIMOUILLE

(1433-1676).

Le château de la Rivière, tel qu'il apparaît aujourd'hui, porte
des traces évidentes d'une reconstruction succédant à une cons-
truction plus ancienne. Et il faut bien convenir qu'il semble
avoir perdu en élégance à cette transformation. De ce qu'il dût
être primitivement, il lui reste une jolie porte du xv⁰ siècle, mais
que rien n'accompagne dans le reste de l'édifice. Cette porte
donne accès au rez-de-chaussée d'un pavillon où fut autrefois une
chapelle. Aujourd'hui c'est une pièce abandonnée qui n'a plus de
son ancien caractère, que ses voûtes à peu près intactes. On y
remarque un écusson qui sous l'épais badigeon blanc dont il est
recouvert, laisse apparaître très distinctement un trèfle et un
lambel, mais sans aucune trace d'émaux. Cependant, la gracieu-
seté du site sur les bords de la petite rivière « la Benaise » ; les
bois et les prairies qui font un cortège de magnifiques dépen-
dances à ce vieux logis à tourelles ; le charme enfin qui émane
toujours des vieilles choses, tout cela justifie bien le renom de
belle et agréable propriété que la Rivière a toujours eu, et possède
encore dans le Montmorillonnais, et au delà.

Les archives de la Rivière nous révèlent que ce château porta
primitivement le nom de Rivière de Cidrac [1], mais sans nous
donner la clef de ce surnom. Ses propriétaires les plus ancienne-
ment connus étaient les Loube [2], famille qui appartient plutôt
au Berry qu'au Poitou. Vers 1460, on voit apparaître comme seigneurs de la Rivière les de Ravenel, qui resteront là jusqu'à la
Révolution. Et pendant trois siècles, Ravenel et la Rivière s'identi-
fieront à tel point, que le nom du fief remplacera souvent le nom
patronymique, comme on peut le voir par le chartrier de Thouars,
où Jean de Ravenel, maître d'hôtel de Louis et de François de La
Trémoille, est presque toujours appelé « Monsieur de la Rivière ».

De Hugues de Raveneau [3], qui faisait aveu à Loys Loube le

---

1. Cf. Carte de Cassini.
2. Cf. La Thaumassière, *Histoire de Berry*, p. 294.
3. L'aveu sur parchemin de 1461 commence ainsi : « Sachent tous
que Je, Huguet du Raveneau, escuyer, seigneur de la Rivière, de

5 janvier 1461, jusqu'à Louis-Jacques et Marie-Louise, enfants de Claude de Ravenel, émigré en 1793, onze générations ont accumulé et laissé leurs papiers et parchemins au vieux logis familial. A ces papiers personnels à la famille de Ravenel, sont venus s'ajouter la plupart de ceux qui furent relatifs à la baronnie de la Trimouille, avec les instructions adressées de Thouars aux fonctionnaires de cette baronnie, tant par les La Trémoille aux mêmes, que par leurs secrétaires, intendants et procureurs. C'est ainsi que beaucoup de baux à ferme de la châtellenie-baronnie de la Trimouille sont là : baux de la ferme générale, comprenant le greffe de la justice, le moulin banal, et le four aussi banal, le péage des foires et le péage du pont ; baux secondaires ensuite, ou petits traités du fermier général avec des sous-fermiers.

Dans un de ces baux au fermier général Jacquemin, en 1626, on remarque cette clause, la seule qui ne soit pas reproduite dans le bail suivant qui est de 1633 : *Le parquet devra être soigneusement entretenu et ne devra servir qu'à rendre la justice, et au prêche, etc.* C'est qu'entre ces deux baux à ferme, se place la conversion d'Henri de la Trémoille, qui, comme on le sait, eut lieu en 1628.

Le 26 août 1624, Henri de La Trémoille avait écrit à ses amis du château de la Rivière la lettre dont on verra le contenu et la copie intégrale aux pièces publiées ci-après. On peut voir par là que le grand seigneur de Thouars avait à l'autre extrémité du Poitou de très bons agents selon ses idées et ses sentiments d'alors, dans les fils et neveux de ces Ravenel qui avaient suivi Louis de La Trémoille sur les champs de bataille d'Italie, et ses descendants dans leurs changements de religion.

Au XVIIe siècle, la fortune matérielle, seigneuriale et territoriale des de Ravenel avait atteint son apogée avec Florent de Ravenel, marié à Marguerite de Blanchard [1], fille du seigneur du Bourg-Archambault. Les deux époux étant morts, sept enfants survivants d'une famille qui avait été plus nombreuse procédèrent en 1643 à un partage dont on trouve expédition avec les signa-

---

Sidrac, etc... » Du Raveneau est donc la forme primitive du nom de Ravenel. Hugues de Ravenel, marié à Dauphine Caignon, est présenté comme le premier connu de son nom dans *Les La Trémoille pendant cinq siècles*, t. II, p. 243, et *Inventaire de François de La Trémoille*, p. 198.

1. On ne voit pas bien quel degré de parenté pouvait rattacher Marguerite de Blanchard, épouse de Ravenel, à Louis de Blanchard, qui fut exécuté comme faux monnayeur à Poitiers, le 14 novembre 1656 ; mais cette parenté paraît évidente. On trouve aux archives de la Rivière

tures des notaires Dechassaigne et Delerpinière, tout à la fois au chartrier de la Rivière et dans l'étude de notaire de la Trimouille. Ce partage porte sur les terres et châteaux de la Rivière, Régné, la Bertholière et le Riz-Chazerac [1] ; et sur les dixmes de très nombreux villages des paroisses de Saint-Pierre de la Trimouille, de Brigueil-le-Chantre, de Journet et de Liglet.

Après cette division de la fortune des époux de Ravenel-Blanchard, plusieurs de leurs enfants, qui cependant ont contracté de bonnes alliances, paraissent se trouver dans la gêne. On les voit faire des emprunts, et par suite être aux prises avec des créanciers pressants. Leur situation tantôt s'améliore, tantôt devient pire. C'est à travers ces fluctuations, que vers le milieu du xviiie siècle, un d'eux, Martin de Ravenel épouse à Paris Marie Raynal de Lescure, fille d'un médecin de la capitale ; et ce mariage semble bien avoir relevé la situation du seigneur de la Rivière. Disons entre parenthèse que cette union en amena une autre : celle de Louise Raynal de Lescure, sœur de Mme de Ravenel, qui épousa Messire Félix Orré, fils d'un conseiller à la cour présidiale de Poitiers. Ce second mariage fut béni dans la chapelle du château de la Rivière, le 26 novembre 1742 [2].

A cette époque, la famille de Ravenel, devenue très nombreuse et répandue entre Montmorillon et le Blanc, avait au moins un de ses représentants dans chacune des paroisses de cette contrée. Ils n'étaient plus protestants ; aussi trouve-t-on leurs noms dans les registres de catholicité des paroisses de : Saint-Pierre de la Trimouille, Journet, Liglet, Saint-Hilaire de Benaise et Concremiers. La plupart étaient gentilshommes campagnards, au milieu desquels la branche de la Rivière se distingue en suivant plus

---

une rémission de peine de mort par le roi Louis XIII à Louis de Blanchard, accusé du meurtre, dans une partie de chasse, du sieur Demareuil. C'est un beau parchemin portant les signatures Louis et de Beauclerc, avec la date de 1621. Cette pièce pourrait être l'objet d'une étude particulière sur la question suivante : Louis de Blanchard, gracié par le roi Louis XIII en 1621, doit-il être identifié avec Louis de Blanchard, arrêté à Montmorillon le 4 novembre 1656, et exécuté dix jours après sur la place Notre-Dame à Poitiers ? (Cf. au sujet de ce dernier, *Archives historiques du Poitou*, t. XV, p. 178, et t. XXXV, p. 137.)

1. La terre du Riz-Chazerac (commune de Journet), après avoir subi bien des vicissitudes et avoir été considérablement agrandie, est possédée actuellement par l'Institut de France, par suite des dispositions testamentaires de l'ingénieur Adolphe Gaudin de Lépinay, et de la mort de son frère, survivant et usufruitier, M. Gaston Gaudin de Lépinay.

2. *Registre paroissial de Saint-Pierre de la Trimouille.*

particulièrement des traditions militaires. L'un deux, Claude de Ravenel, capitaine au régiment de Penthièvre, ayant en même temps le titre de gentilhomme du duc de Penthièvre, émigra en 1793 ; à partir de ce moment, sa destinée est inconnue. Il laissa deux enfants qui partagèrent ses biens avec la nation (22 floréal an IV). Depuis, la terre de la Rivière, acquise par le vicomte Eugène de Châteaubodeau, est restée entre les mains de sa famille jusqu'en 1891.

Dans cette période qui appartient au xixᵉ siècle, les archives de la Rivière se sont augmentées d'un nouveau dépôt venant de la famille de Boislinard ; et c'est l'ensemble de tous ces papiers qui m'a été communiqué par le capitaine au 8ᵉ dragons, comte de Châteaubodeau, arrière-petit-fils du vicomte Eugène[1].

Ce court exposé a eu pour but de donner une idée de la physionomie générale du chartrier de la Rivière qui m'a semblé, toutes proportions gardées, proche parent du chartrier de Thouars. Cette affinité apparaîtra surtout dans les pièces que j'ai arrachées à la poussière et aux détériorations de toutes sortes, pour les présenter à la Société dont la devise est : *Ne peream unus, multiplex renascor.*

Je ne saurais trop remercier cette société, et surtout son excellent et honoré président, de l'accueil favorable qui a été fait à cette communication.

Marc Aubrun.

---

1. Le vicomte Eugène de Châteaubodeau, acquéreur du château de la Rivière, était fils du comte Pierre de Châteaubodeau, et de Marguerite Fournier de Boismarmin ; il avait épousé, le 17 mai 1808, Marie-Adeline de Boislinard, et c'est vers cette époque qu'il acheta le château de la Rivière où il mourut le 27 juillet 1830. (M. Christian de Boismarmin, auteur d'une généalogie de la famille de Boislinard (petit in-8º, typographie Tardy-Pigelet, Bourges, 1892), se réfère souvent aux titres de la Rivière.)

A

Affranchissement d'un homme serf, pour qu'il puisse recevoir les
ordres de prêtrise. (Parchemin coupé au bas pour la place d'un sceau
dont il n'y a plus d'autre trace.)

24 août 1433. (Vidimus du 4 juillet 1452.)

À tous ceux qui ces présentes lettres verront, Jehan
Drolin, garde du scel aux contreulx de la chastellenie de
Celles en Berry, salut : Sachent tous que Olivier Delahaie,
juré du dit scel, nousa relaté et tesmoigné lui le quatrième
jour de juillet l'an mille quatre cent cinquante deux,
avoir veu, tenu, leu et diligemment visité et regardé, unes
lettres scellées du scel de la chastellenie du dit Celles, en
cire vert et queue double, saines et entières, et des quelles
la teneur sensuit : Sachent tous présents et à venir que
noble homme messire Jean de Chasteauneuf, chevalier,
seigneur de Luçay le mal [1], a congneu et confessé en droit
en la cour de noble et puissant seigneur monseigneur de
la Trémeoille, seigneur de Crahou, de Sully et de Celles en
Berry [2], aux dites Celles par devant Jehan Charlot, juré de
ladite cour, que comme Jehan Trouvé, fils de Guillaume
Trouvé, homme serf du dessusdit Chevalier, à cause d'icelle
servitute ne peust ou deust parvenir à aucune franchise
sans le congé et licence du dessus dit chevalier ; aujour-
d'hui a voulu et confessé le dessus dit chevalier, veut et
consent par ces présentes que le dessus dit Jehan Trouvé

---

1. Jean de Châteauneuf, marié à Isabeau de Prie, fille de Jehan de Prie,
sgr de Busançois et d'Isabeau de Chenac. La terre de ·Luçny passa à
leur descendance et par la suite, en 1518, aux de Rochefort par le
mariage d'Antoinette de Châteauneuf avec Jean de Rochefort. (Cf. La
Thaumassière : *Généalogie des Rochefort*, p. 954 de l'*Histoire du Berry*.)
2. Georges de La Trémoille, fils de Guy VI de La Trémoille et de Marie
de Sully. Il fut seigneur de Selles indivisement par moitié avec Marguerite de Châlon. comtesse de Tonnerre, par suite d'un accord intervenu à Poitiers le 8 avril 1433 et où il agissait en vertu des droits de
Catherine de l'Isle-Bouchard, sa femme, qui avant d'épouser en secondes
noces Pierre de Giac, avait été mariée à Hugues de Châlon. (*Les La Trémoille pendant cinq siècles*, t. I, p. 199 et 292.)

jouisse de franche et libéralle franchise et condition et que
icelui Jehan Trouvé ait et recepve toutes ordres de prêtrise
comme franche et libérale personne et acquicte et absoult
led. Jehan Trouvé de toute la servitute et obéissance que
ledit Trouvé lui povoit ou debvoit à touz temps mes de ça
en pieça et en   et ordonne que ledit Trouvé
prie Dieu pour ledit chevalier et pour tous ses amiz tres-
passez, promectant par sa foy led. chevalier que dores en
avant contre ses concession cognoissance et quittance, il
ne viendra et ne effacera aucune par lui ne par aultre a
nul temps mes, ainçoys a promis par la foy de son corps à
le tenir et garder fermement et loyalement et quant ad ce
et aux domaiges admendes, eux soustenuz ou encouruz par
defaut de tenir et garder ce qui dessus est dit, au simple
serment dudit Jehan Trouvé ou de ceulx qui de lui auront
cause sans autre forme ; obligent quant ad ce, le devant
dit chevalier, et soubmectent à la juridicion de la dite
cour soy, ses hoirs et tous ses biens meubles et non meubles
présents et à venir ; renonçant en cest fais par sa dite foy
a tous aide et à tout benefice de droit escript et non escript
et exception de toute manière de decepvence quelle qu'elle
soit. Ce fut fait, accordé et signé en la cour dessus dicte, et
scellé du scel aux contraux de la chastellenie desdites
Celles, le vingt quatrième jour d'aoust l'an de grâce mil
quatre cens trente troys. Ainsi signé : T. Charlot. En tesmoing
de laquelle vision et inspection desd. lettres dessus escriptes
et à la relation du d. juré qui nous a rapporté icelles estre
vrayes, nous garde dessusdit avons mis et apposé à ces
présentes lettres, ledit scel de ladite chastellenie de Celles
en Berry l'an et jour dessus premiersditz. Signé : Delaye
(avec paraphe).

Au revers du parchemin on voit écrit d'une écriture bien postérieure :
« Cette pièce prouve que les *Cerfs* en servitudes ne pouvaient être
« admis à la prêtrise qu'ils ne fussent auparavant affranchis et re-
« connus libres par le seigneur à qui ils étaient redevanciers et sujets.
« Elle est de l'an 1433, le 24 aoust. »

B

Accord entre Perrot Loube, seigneur de Régné, et Herbert Loube, seigneur de la Rivière, au sujet des hommes que chacun d'eux a le
droit d'astreindre à faire le guet en son château. (Original : Parchemin.)

1436.

Sachent tous que en droit ès cours du scel aux contraux à Montmorillon establi pour le roy nostre sire et
de monsieur l'arceprestre dudit lieu, auecq toute voiz
que l'une des dictes cours ne puisse deroger ne préius-
tissier à l'autre, mais que l'une par l'autre soit plus a
plaint confortée et confermée : Pour dauant Jehan Morin
et messire Jehan Demonplenet, prestres jurés et notaires
èsdictes cours : Personnellement establiz, nobles personnes Herbert Loube, escuier, seigneur de la Rivière, près
de la Trimoille d'une part ; Et Perot Loube, seigneur de
Régné d'autre part. Comme contans et débat fust
esmeu ou en esperence d'esmouvoir entre les dictes parties,
sur et pour cause de ce que ledit Herbert Loube, seigneur
dudit lieu de la Rivière, demandeur disoit et proposoit à
l'encontre dudit Perot Loube, que à luy comme seigneur de
la Rivière appartenir avoir à cause de sa seignorie et
justisse de la Rivière de faire contribuer et contraindre ses
hommes tous et chacuns justissables habitants et demorans
en sa dicte justisse et juridiction de son dit lieu de la
Rivière, de venir faire guait à son dit lieu et forteresse dudit
lieu de la Rivière, veu et considéré que par luy Herbert
Loube tiegnet en parage dudit Perrot Loube sondit lieu
justisse et juridicion de la Rivière a cause du lieu et justisse
de Gersangt [1] estans a la Trimoille ; et disoit ledit Herbert
Loube, que ledit Perot Loube luy auoit mis et mectoit

---

1. Ancien fief à la Trimouille. (Cf. Rédet., *Dict. topog. de la Vienne*,
p. 191.)

empoichement que sesdits hommes ne alassent faire aucun
guait audit lieu de la Rivière, ains lez contregnoit a aler
faire le guais audit lieu de Régné, duquel Régné ne mehut
aucunement led. lieu de la Rivière, ains mehut et est tenu
du lieu et justisse de Jarsant comme dit est, auquel lieu
de Jarsant n'a aucune forteresse ne rettraicte ou lon puisse
faire guait ne garde, et pour ce, disoit ledit Herbert Loube,
que atendu ce que sesdits hommes nestoient tenus d'aler
faire nul guait audit chastel de Régné, veu ce que dit est,
et que selon raison yceluy Herbert les deuoit auoir et les
pouoit contraindre à les faire venir faire ledit guait audit
lieu de la Riuière ; Et par la partie dudit Perot Loube a
esté redit à ses deffenses, que ledit lieu de la Riuière auecq
le droit de justisse et juridicion de la Rivière que ledit
Herbert Loube tenoit audit lieu de la Rivière, ledit Herbert
le tenoit de luy, et disoit oultre ledit Perot Loube que lez
hommes que le dit Herbert auoit en sa justice et terre de
la Riuière, auoient acoustumé de aller faire guait audit lieu
de Régné, et que de ce, le dit Perot Loube estoit en bonne
possession et saisine et d'ansienneté ; et que luy et ses prédécesseurs en avoient esté en bonne possession et valable
quant à droit de possession auoir acquise garder et retenir,
quant au droit de contribuer lesd. hommes du dit Herbert
à venir et aler faire guait audit lieu et chastel de Régné ;
et pour ce, requeroit le dit Perot Loube à l'encontre dudit
Herbert Loube, que sil cognoissoit et confessoit les choses
susdites par luy proposées, qu'il fust dit et déclairé que
ledit Herbert n'auoit droit ne cause de demander ne auoir
lesdits guaits, pour iceulx faire aler guarder audit lieu de
la Rivière, et en faisoit ledit Perot Loube ses conclusions
partenans en tels cas — Et par la partie dudit Herbert
Loube a esté repliqué plusieurs faitz, causes et raisons au
contraire. — A la parfin, par bien de paix, pour eschuier,
plaitz et debatz et rigueur de justisse, et par le conseill des
parens et amis, et affins d'une partie et dautre ; et a esté

transigé, passefié et acordé entre les dictes parties, les
faitz premisses, acords et conuenances qui sensuiuent, pour
la forme et menière qui suit : C'est assauoir que tous et
chacuns les hommes habitants et justisiables de la justisse
et juridiction dudit Herbert Loube, aux lieux de la Rivière,
aus vilages du Chambort, a l'Age Vaslin, et a Bordelles [1],
yront et seront tenus daler doresnauant perpetuellement
faire le guait audit lieu de la Rivière, sans ce que a jamais
ledit Perot Loube ne les siens y puissent jamais mectre
audit Herbert Loube ne aussiens aucun empoichement ne
contradicion ; et auec ce, ledit Perot Loube a delaissé et
délaisse, et est et demeuret audit Herbert Loube et aux
siens, tout le droit de aulte justisse et juridicion que iceluy
Perot Loube auoit et avoir pouoit en la terre justisse et
juridicion d'iceluy Herbert Loube, au lieu de la dicte
Riuiere, et ès villages du Chambor, de lage Vaslin, et de
Bordelles, et en leurs circonstances et dépendences en
quelque manière que ce soit ; laquelle aulte justisse, et
toute aultre justisse que ledit Herbert Loube a au lieu de
la Riuière et ès vilage susdits, iceluy Herbert Loube et les
siens tendront doresnavant en parage duit Perot Loube et
dessiens ; et s'il se peut trouer par ledit Perot Loube que
la justisse et juridiction de la Rivière et des villages susdits ont accoustumés être tenue de luy et de ses prédécesseurs à foy et à homage, ledit Herbert et les siens seront
tenus de en faire audit Perot Loube et aussiens tel homage
qui en pourra auoir esté fait le temps passé. Sur lesquelles
choses par dessus dictes et acordées, est sauve et retenue
audit Perot Loube et aussiens, le droit de servitute que Le
Borde de la Rivière et ses hoirs et ses prédécesseurs, et Le
Berton de la Rivière et ses prédécesseurs ont acoustumé

---

1. Ce village est aujourd'hui confondu avec celui des *Basses-Roches*,
et par là même, on ne le trouve pas dans le *Dictionnaire topographique*
de Rédet. Toutefois on le relève sur la carte de Cassini.

de luy venir garder lez prisoniers au lieu de Regnec seullement. Et par icely ce cestuy acord et apointement, ledit
Herbert Loubbe et Phelipes Loubbe son fils et de luy
suffisamment auctorisé quant aux choses contenuz en ces
présentes, seront tenus et ont promis et convenancé pour
eulx et les leurs sous les fois et serments de leurs corps et
sur l'oubligation et hypotèque de tous et chacuns leurs
biens meubles et immeubles présents et futurs, poier et
rendre audit Perot Loubbe cent royaulx dor, ou cent escus
dor du coing du Roy nostre sire, du poix de soixante et
quatre royaulx ou frantz pour mark dor, dedans la pro-
chaine feste saint Michel en ung an ; et eu pleinement
acordé que ou cas que le dit Herbert Loubbe et sondit fils
naroient poyé lez cent Royaulx ou escus aux termes des-
susditz, ilz poieront audit Perot Loubbe dix escus pour
deffault diceuluy poiement et delet, en auant ; pour chacun
an par chacun defaut de poiement pareillement, ils ont
promis poier aud. Perot Loubbe dix escus ; et jusques à
lacomplissement et poiement de lad. somme dez cent
Royaulx ou escus ainsi demorés de poier en chacune feste
de saint Michel ; et par ainci, led. Herbert Loube delaisse
a perpetuité audit Perrot Loubbe ce asseptant, tout le droit
de justisse qu'il auoit ès villages de Toelle et du Chillo,
auecques les guaitz d'iceulx villages. Lesquelles choses
susdites, ainci que par dessus sont specifiées et declairées
lesd. parties et chacunes delles ont cogneu et confessé estre
vraies, et icelles ont promis et juré aux sains euengile
Dieu, par lobligation de tous et chacuns leurs biens
meubles et immeubles quelconques présents et futurs, et
sur ce ont renoncé, etc. Donné et fait le IIIIe jour de juing
l'an mil cccc trante et six. MORIN, J. DEMONTLANET, pour la
court dud. arceprestre.

C

Lettre adressée de Milan par Adam de Ravenel [1] à son frère [2] maître
d'hôtel de Louis de La Trémoille à Thouars. (Orig., papier.)

Du dernier jour de l'an 1523.

Mon frère, je me recommande à vostre bonne grâce des
nouvelles de pardesa. Monseig^r [3] fayct grâces à Dieu très
bonne chère et est bien guery. Le Roy est tousiours deuant
Pavye et espère on tousiours quy le prandra et que ceulx
de dedans n'ont plus de viures et est nouelles qu'ilz ont
mandé à leurs gens qui sont à Laude [4] qu'ilz aient viures
jusques au premyer jour de l'an quy sera demain. Ce se-
royt bonne estrayne qu'on les pourroyt prandre. Le marquis de Pesquère [5] nous fayt souuent alarme ; il vint l'autre jour jusques à troys mille d'ycy auecques quatre cens
cheuaulx et print forces balotz et cheuaulx quy alloyent

---

1. Adam de Ravenel, second fils d'Adam de Ravenel, Ec., sgr de la
Rivière et de Françoise de Poix. (Cf. *Inventaire de François de La Tré-
moille, publié par le duc de La Trémoille d'après le chartrier de Thouars.*
E. Grimaud, éditeur, Nantes, 1887.)

2. Jehan de Ravenel, fils aîné d'Adam de Ravenel et de Françoise de
Poix, marié à Paule de Chazerac, maître d'hôtel de Louis II de la Trémoille dès 1518 ; il était encore investi de cette charge en 1542 lorsque
mourut François de La Trémoille, petit-fils de Louis II et fils de Charles
qui avait été tué à Marignan. Dans l'accomplissement des devoirs de
sa charge, Jehan de Ravenel est le plus souvent appelé « Monsieur de
la Rivière ». (Cf. *Inventaire de François de la Trémoille.*)

3. « Monseigneur » : Louis II de la Trémoille, dont la brillante car-
rière militaire commencée à Saint-Aubin-du-Cormier en 1488 se
poursuivit jusqu'en 1525 où il trouva une mort glorieuse à Pavie.
Louis II de La Trémoille fut marié : 1º à Gabrielle de Bourbon, fille de
Louis de Bourbon, comte de Montpensier, et de Gabrielle de La Tour ;
et de ce mariage est né Charles de La Trémoille (1485) ; 2º à Louise de
Borgia, duchesse de Valentinois, et de ce second mariage, il n'y eut pas
postérité. (Cf. *les La Trémoille pendant cinq siècles*, t. II, p. IX, X et XI,
publié par le duc de La Trémoille. E. Grimaud, éditeur, Nantes, 1892.)

4. Laude paraît être ici la forme française du nom de Lodi. Louis II
de La Trémoille parle également de Laude dans une lettre écrite au
roi Charles VIII le 29 mai 1495. (*Les La Trémoille pendant cinq siècles*,
t. II, p. 123.)

5. Ferdinand-François d'Avalos, marquis de Pescaire, qui commandait
les troupes de Charles-Quint en Italie, et à qui revient en grande partie
l'honneur de la journée de Pavie.

en fourrages, et y eut peu de gens de notre compagnye
quy nen perdissent, mays il ny en eut pas ung de ceulx de
la mayson ; ne mes cousins de Forges[1] et de Villemor[2]
ny perdirent rien. Nos dits ennemis se retirèrent à Laude
ou ilz sont encores en nombre de dix a douze mille hommes ; on dit qu'il leur vient secours, et presume on que
sy Pavye tient gueres, qu'ilz nous donneront la bataille.
Monseigneur d'Albanye[3] s'en va à Naples et le seigneur
Rancé[4] avecques luy. Le bailly de Dijon[5] s'en va en
embassade devers les Veniciens et part aujourd'hui de
ceste ville[6]. M. de Brion[7] s'en va en France et de la en
embassade en Engleterre. Dieu veulhe que tout aille
bien.

Au surplus, mon frère, tous nos amys de pardesa font
très bonne chère ; mon cher cousin de Villemor a esté malade comme ungne autre foys je vous ay escript par la
poste, mays il est très bien guery ; mon cousin de Forges
la esté aussy, esté ung jour, mays s'ils estoyent tous mors

---

1. Louis de Poix, s^r de Forges, fils de Jean de Poix, Ec., s^r de Forges et
de Jeanne de Crevant. Il fut tué à la bataille de Pavie. (Cf. Cuviller-
Morel d'Acy : *Les Tyrel de Poix et les de Poix de Picardie, du Berry et
du Poitou.*)

2. Jean et François de Poix, fils de Florent de Poix, Ec., s^r de Villemort,
et de Catherine du Cartier. Jean de Poix fut tué à la bataille de Pavie.
(Cf. Cuviller-Morel d'Acy.)

3. Jean Stuart, duc d'Albany, régent d'Ecosse, qui fut marié à Anne
de la Tour et mourut en 1536. (Cf. Moréri, t. IX, p. 194 ; P. Anselme,
t. I, p. 324.)

4. Rancé de Cerre, gentilhomme romain, à propos duquel Blaise de
Montluc, dans ses *Commentaires*, s'exprime comme l'auteur de cette
lettre, en disant: « le seigneur Rancé ». (Cf. Petitot : *Collection des
mémoires relatifs à l'Histoire de France*, t. XX, p. 354.)

5. Jean de Rochefort, sgr de Pleuvant, Luçay, la Creuzette et Gargi-
lesse, bailli de Dijon, lieutenant pour le roi en Bourgogne, chev. de
son ordre, premier tranchant et cornette blanche du roi François Ier. Il
fut marié à Antoinette de Châteauneuf. (Cf. La Thaumassière, *Histoire
de Berry*, p. 954.)

6. Milan, comme on le voit par la fin de la lettre.

7. Philippe Chabot, comte de Charni et de Buzançais, sgr de Brion, etc.,
amiral de France, attaché dès son jeune âge au duc d'Angoulême qui
devint François Ier. Il fut lui aussi fait prisonnier à Pavie. Il mourut
le 1er juin 1543, et fut inhumé à Paris, église des Célestins. (Moréri,
t. III, p. 426 et 427.)

le docteur les ressusiteroyt ; mon cousin Françoys de Vil·
lemor a esté tousiours bien sain ; quant est de moy, je ne
le fuz oncques plus, et n'y a rien quy me merencolie que
faute d'argent ; et de malheur jauoys la clef de la boete de
monseigneur et auoys mis dix huit escus dedans ungne
bourse pour les bailler, et je perdy bourse et argent. Je vous
suplie si on envoye argent à Monseigneur, m'enuoyer
trante escus quy me seront deus en ce moys de Januyer de
Tioussac et vous me ferez merueilleusement grant playsir.
La Brousse [1] se recommande bien fort à vous, et vous prie
que solicitiez ses cent escus quy luy seront deus auecques
Monsieur de Narsay [2], Roncée [3] a esté malade et ne se
peut bien rauoyr ; toutes foys j'espère que ce ne sera
rien ; il se recommande bien fort à vous. Aussi font mon·
seigneur le maystre, la Roche, Murat, Brèche [4], Chazerac [5],
l'escuyer Georges [6] et le baron de Benac [7]. Les Places quy
fayt aussy bonne chère et espère que le verrez ung très
honneste homme. Le cousin de Boubon [8] a eu grand mal

---

1. Jacques de la Brosse, s^r dudit lieu, était page de Louis de La Trémoille en 1514. En 1534, il faisait partie de la maison de François de
La Trémoille. Aux obsèques de ce seigneur célébrées à Thouars le
7 janvier 1541, M. de la Brosse portait le guidon. (*Les La Trémoille
pendant cinq siècles*, t. III, p. 56.)

2. Jehan dit Jehannot de Manléou, sgr de Nercey. (*Chartrier de
Thouars*, p. 60.)

3. Hector d'Availloles, chev., sgr de Roncée, était à la suite de Louis
de La Trémoille en Italie. Après 1525, il dépose qu'il « était avec Louis,
sgr de La Trémoille, lorsqu'il fut tué à la bataille de Pavie ; étoit son
maître d'hostel et y fut fait prisounier ». (*Les La Trémoille pendant cinq
siècles*, t. II, p. 206 et 207.)

4. Louis de Brèche, fils de Jean de Brèche, bâtard de Louis Ier de
La Trémoille, qui l'avait eu de Jeanne de la Rue. Jean de Brèche avait
été légitimé par Charles VIII en 1485. (Cf. *P. Anselme*, t. IV, p. 155.)

5. Odet de Chazerac, maître d'hôtel de Louis II de La Trémoille, ou
Pierre de Chazerac, qui fut son lieutenant au château d'Auxonne.
(*Les La Trémoille pendant cinq siècles*, t. II, p. 215.)

6. Probablement Georges de Chargé, un des gentilshommes de Louis II
de La Trémoille. (Cf. *les La Trémoille pendant cinq siècles*, t. II, p. 68.)

7. Annet Montault, baron de Benac, né à Bénac en 1466, et mort en
Italie le 25 octobre 1525. Il était marié à Isabeau de la Roque, fille de
N. de la Roque, s^r de Fontenille. (P. Anselme, t. VIII, p. 605.)

8. De la famille des de Vouhet, une des plus anciennes du Berry,
alliée à celle des La Trémoille au xive siècle. Ce n'est qu'à partir du

en ungne cuisse, mays le docteur guerist tout ; Toutes
foys il a failly au capitaine Ricault, comme je vous ay
escript ungne autre foys, que je vous prometz est bien
plaint. Toutes foys monseigneur d'Etampes [1] est lieute-
nans quy fayt merueilhes de [2] (ici le papier est coupé) et
monseigneur de Bourry est lieutenant de Monseigneur le
prince. Je vous prie me mander de toutes nouelles de par-
des a bien au long ; et si mon estan est parfayct ; et comment mon frère [3] a fayt du moulin ; et aussi aduiser pour
le mieulx de la ferme de Tioussac [4] ; j'en ai escript à mon
frère de la Trape [5] y faire ainsi qu'il verra pour le mieulx
et ainsi de bailler la maison à fayre. Monseigneur de Varre es ycy venu pour l'abaye de Fontenay [6], pour ce que
l'abé a esté tué et est monseigneur de Saint-Benigne [7],
esleu, et Monseigneur de Chasteauvillain ly mayne la guer-

---

xvie, qu'on voit les de Vouhet devenir seigneurs de Boubon. (Cf. La Thaumassière, *Hist. de Berry*.)

1. Probablement Louis d'Etampes, fils de Robert III d'Etampes et de
Louise Levrault. Il eut en partage la terre de Valençay. Il fut fait
gouverneur et bailly de Blois par François Ier en 1519 ; marié à
Marie Hurault, fille de Jacques Hurault, sgr de la Grange ; il testa le
mardi après la Quasimodo en 1533. (P. Anselme, t. VIII, p. 548.)

2. Il manque un mot par coupure du papier.

3. Pierre de Ravenel, en faveur de qui son oncle Pierre de Poix, Ec.,
sgr de Villemor, avait testé le 3 mai 1496. (*Archives du château de
Chabenet, inventaire publié par Cuviller-Morel d'Acy.*)

4. Aujourd'hui Tussac, commune de Leigne. (Cf. Rédet, *Dictionnaire
topographique de la Vienne.*) Arch. de la Vienne, E. N. 586, on trouve,
au nom de Ravenel, un fragment de parchemin avec la date au crayon
(X may 1520). Cette pièce incomplète commence ainsi : « C'est le papier
« registre terrier et pancarte contenant les noms et surnoms des
« hommes et tenanciers des choses tenues et mouvantes de noble
« homme Jehan de Ravenel, Ec., sgr de la Rivière de Sidrac, de Joignac,
« du Puyaumet et de Tioussac, à cause de son fief et seigneurie de
« Tioussac, etc... » Suit une sorte de dénombrement où l'on trouve les
noms de Leigne, Pindray et la Cordieu.

5. Guillaume de Ravenel, troisième fils par ordre d'âge d'Adam de
Ravenel et de Françoise de Poix. On voit dans l'*Inventaire de François
de La Trémoille*, p. 198, qu'il était prieur de la Trape en 1523.

6. Abbaye de Fontenay en Bourgogne, au diocèse d'Autun, filiale de
Clairvaulx. (*Gallia christiana*, t. IV, p. 492.)

7. René de Brèche (La Trémoille), quatrième fils de Jean de Brèche,
bâtard légitime de Louis Ier de La Trémoille et de Charlotte d'Autry,
fille d'honneur de la duchesse d'Orléans, mère de Louis XII. René de
Brèche fut d'abord élu évêque de Coutance, puis abbé de Saint-Bénigne

re : je ne scay comment cela en yra. Se pourteur vous dira plus au long de toutes nouvelles. Et sur ce, mon frère, je prie à Dieu vous donner très bonne vie et longue. A Myllan [1] la ou je vous requiers ma guillaneuf par

Votre humble frère, ADAM DE RAVENEL [2].

Mon cousin de Lage se recommande à vous et fayt bonne chère.

En marge de la même écriture : « Ce porteur vous dira comment le barbier est rendu au chasteau et ne scet on pourquoy on dit qui le veullent fayre pandre et quil le prennent pour espié. Pour conclusion cest ung fou je ne say s'il a poinct emporté ma bourse. »

Et plus bas, d'une autre écriture : « Cecy fut écrit le dernier jour de l'an mil cinq cent vint et trois [3]. »

Au dos la suscription : « A mon frère monsieur de La Ryuyere, maistre dostel de Monseigneur Monsieur de la Trémoye a Thouars. »

---

et de Saint-Etienne de Dijon. (P. Anselme, t. IV, p. 185.) La *Gallia Christiana* donne à René de Brèche le rang de LXIVᵉ abbé de Flavigny, et de XXIXᵉ abbé de Fontenay. (Cf. *Gallia Christiana*, t. IV, p. 463 et 492.)

1. Le nom de Milan, lorsqu'il se rencontre au chartrier de Thouars, est presque toujours ainsi orthographié : Myllan ou Millan.

2. Adam de Ravenel, l'auteur de cette lettre, fut tué à Pavie à côté de Louis II de La Trémoille. C'est à ce fait de dévouement chevaleresque que fait allusion son frère Jean de Ravenel, à la fin de la lettre que le 20 avril 1549 il adresse à François de La Trémoille, auquel il dit : « ... et dernièrement à la bataille de Pavie, mon frère mourut, faisant ser- « vice à feu Monseigneur (que Dieu abseulle), et ne feust la malladie « qui me survint en chemyn, je eusse mye peyne d'y faire mon devoir ». (*Les La Trémoille pendant cinq siècles*, t. II, p. 86, d'après le *Chartrier de Thouars, op. cit.*)

3. Cette annotation posthume semble donner à cette lettre une date inexacte. Voici un passage des mémoires de Gaspard de Saulx-Tavanne, concernant les faits qui précédèrent de très près la journée de Pavie : « Le pape s'accorde au Roy, le pensant le plus fort, qui par « son conseil envoya mal à propos le duc d'Albanie avec le tiers de « ses forces en l'entreprise de Naples... » C'est, sur ce point, la confir- mation de ce que dit la lettre d'Adam de Ravenel ; mais de Saulx-Tavanne place le départ pour Naples du duc d'Albanie très peu de temps avant le désastre de Pavie, dont la date est, comme on le sait, le 28 fé-vrier 1525. (Cf. Petitot, *Collection des Mémoires relatifs à l'histoire de France*, t. XXIII, p. 202.)

D

Lettre du duc de Montpensier [1] à M. de la Rivière [2]. (Orig., pap.)

21 septembre 1574.

Monsieur de la Rivière, j'ay seu que depuis peu de jours
vous vous estes faict maistre du chasteau du Bourg-Archambault [3] et en avez mis hors ceulx qui auparavant le
tenoient, de quoy je seroys bien aise, si vous lauyez faict
en intention de le remectre en l'obéissance du Roy monseigneur, et par ce moyen faire cesser les voleries, brigan-
danges et ransonnemens qui se sont exercez, et se com-
mettent encores chacun jour sur les bons subgectz de sa
majesté à l'occasion dud. château ès environs d'icelluy. Cet
qu'il me semble pour en estre si proche voisin que vous
estes, vous deburiez faire, prenant compassion de
veoir si longuement tant de peuple souffrir parmy lequel
il n'est pas que vous nayez quelques subgetz amys et ser-
vuiteurs, qui par ce faisant, recevroient quelque relâche et
repos dont ilz vous seroient tenuz et obligez. Ayant aduisé
pour vous en facilliter les moyens, d'envoyer en ce quartier là, les Srs de la Maisselière [4] et de la Coste [5] auec ung
bon nombre de forces ausquelz vous ferez bien de rendre
led. château, comme je vous en prie voullant bien néant-
moins vous dire que où vous en ferez reffuz, j'ay com-

---

1. Louis de Bourbon, comte, puis duc de Montpensier, qui commandait un corps d'armée en Poitou en 1574 contre les Calvinistes. (Cf. Le
chevalier de Courcelles, *Dict. des généraux français*, t. III, p. 114.)

2. Florent de Ravenel, sgr de la Rivière après Jehan de Ravenel, son
père.

3. Le Bourg-Archambault, château fort, plusieurs fois pris et repris
dans les guerres de religion. (Cf. de Longuemar, *Géographie populaire
du département de la Vienne*, p. 201.)

4. François Frottier, sgr de la Messelière et de Melzeart, chev. des
ordres du Roi, qui fit montre à Charroux le 24 aoust 1574. Il mourut
en 1597. (Cf. Beauchet-Filleau, art. *Frottier*.)

5. Pierre Frottier, sgr de la Messelière et de la Coste, fils de François
ci-dessus qui fut gouverneur de Poitiers.

mandé aud S^r de La Coste, se mettre dedans votre maison
et vous faire du pie qu'ilz pourront, car je suys résolu de
vous faire reparer tout le dommage qui sera faict par
cy après autour dud. château, pendant qu'il demeurera
en la puissance de ceulx de votre party. Là où au
contraire si vous le remettez en l'obéissance du Roy, je
vous promectz de vous faire recevoir en sa bonne grâce et
recongnoistre du service que vous luy aurez faict en cella ; et m'asseurant que vous eslirez volontiers ceste voye
comme la meilleure, je ne vous feray plus longue lettre que
de prier Dieu vous auoyr, Monsieur de la Riuière, en sa
sainte garde. Du camp de Benet [1] ce vingt unième jour
de septembre 1574.

Le bien fort voustre,

Loys de Bourbon.

---

1. L'adresse porte : Monsr de La Rivière de la Trémoille. Le papier
replié en huit était fermé par un lac scellé de cire rouge. Sur
l'un des plis se trouve le sceau annulaire des Ravenel : un quintefeuille
surmonté d'un lambel. — On trouve au chartrier de Thouars, p. 313, une
lettre ayant avec celle-ci une grande analogie. Elle porte la même
signature, et est d'une date très voisine de celle ci-dessus. Elle était
écrite du camp devant Fontenay. Le bourg de Benet, qui est lui-même
assez près de Fontenay, pouvait donner son nom à la place où cam-
paient les troupes du duc de Montpensier.

E

Lettre de Henri de La Trémoille [1].

1624.

Cher et bien aismé, aiant apris qu'il est imposible à l'esglyse de la Trémoille d'entretenir plus longtemps un pasteur en la dite esglyse, sy nous nauons agréable de les asister de quelque subuention, Jé bien voullu vous donner aduis que desirant que lexercice de la religion soit maintenu et entretenu sy aprais aud. lieu de la Trémoille, mon intention est de contribuer aladuenir à lantretainement du pasteur quy sera envoié par le sinode de la prouince, sur la prière que vous leurs en ferez ; surquoy aussy je vous diray que jé tant reseu de bon tesmoignage et entendu qu'il y auait en la personne du s. Bousquet les quallités requise et nesesaire a ceste charge, que je serois bien aisse qu'il fut par vous demandé à Mrs du sinode. Cela estant, et qu'il vous soit accordé par eux, et agréé par luy, je contriburay par chasque année de la somme de cens livres, à prandre sur les parties cazuelles de ma dite baronnye de la Trémoille, dont jenveray mandemant aussytot que j'auray apris que la chose aura esté ainsy résolue et executée, se que attandant je ne vous adjouteray plus que les assurances de la continuation de ma bonne vollonté.

A Thouars, le 26 aout 1624

Vostre meilleur amy,

HENRY DE LA TRÉMOILLE.

---

1. Cette lettre est évidemment une copie de la lettre originale écrite par Henri de La Trémoille, vraisemblablement à un de Ravenel. Plusieurs de ceux-ci sont désignés dans les registres paroissiaux de Journet et de Liglet comme appartenant à la religion « prétendue réformée ». Cette copie est sur une feuille de papier simple. Au revers, une suscription porte : « Le prêche est interdit à la Trémoille au mois d'août 1663 » ; et plus bas: « mon père est décédé en 1662 ». — Henri de La Trémoille abjura le protestantisme en 1628 entre les mains du cardinal de Richelieu étant au siège de la Rochelle. (Cf. Thibaudeau, *Histoire du Poitou*, t. VI, p. 214.)

F

Ordonnance par Félix Augier, sénéchal de La Trimouille, pour réparation
du chemin de La Trimouille à Saint-Pierre. (Expédition de greffe.)

1624.

Félix Augier [1], licencié ès lois, sénéchal et juge ordinaire
de la ville et baronnie de la Trimoille, savoir faisons que
veu notre procès verbal de descente sur le chemin sortant
du pont dela dite ville montant à l'église paroissiale de
Saint-Pierre [2] qui est à présent inaccessible, et les murailles
sortant dudit pont faisant closture de certain pré appartenant à des particulliers, estre ruinées, qui fait qu'on ne peut
aller à pied ne à cheval à l'église dudit Saint-Pierre ; et
ouy sur ce le procureur de la cour, et les injonctions sy
davant faictes auxdits propriétaires, de pourvoir à l'incom-
modité dudit chemin, et l'appointement à ordonner du
tout ; Avons dict et disons que les propriétaires du pré
joignant le dit pont de la rivière de Benaize, feront
remettre les murailles faisant clôture de leur pré,
en la longueur et largeur entiennes et accoutumées à ce
qu'on puisse passer à pied sur icelle, le tout de bonne
matière, et tenant les ouvertures y estant, commodes pour

---

1. Félix Augier, sénéchal de La Trimouille, en résidence ordinaire à
Montmorillon, vivait dès 1594. Il fut marié : 1º à Elisabeth Vacher ou
Vachier ; 2º à Florence de l'Epine Une fille de son premier mariage,
Marie Augier, entrait religieuse au couvent de Villesalem en 1606, recom-
mandée par Mme de La Trémoille (Charlotte Brabantine de Nassau, veuve
alors de Claude de La Trémoille). (*Arch. de la Vienne*, s^{ie} H. l. 40.) Et
dès lors, le 14 février 1606, à l'acte de religion de sa fille, Félix Augier
est dit sénéchal de La Trimouille.

2. Saint-Pierre de La Trimouille, aujourd'hui simple village, était
alors le centre de la paroisse par son église, sa cure et son cimetière.
En raison des avantages que lui donnait cette agglomération religieuse,
Saint-Pierre fut considéré comme bourg jusqu'à la Révolution. La Trimouille possédait une petite église dite de Notre-Dame dès avant le
xiiie siècle. (Cf. Dom Fonteneau, t. XXVI, p. 275) Cette chapelle
existait encore à la fin du xviie siècle, ainsi qu'en fait foi un acte mor-
tuaire inscrit au registre paroissial du curé prieur de Saint-Pierre le
16 avril 1687. (*Registre paroissial, mairie de La Trimouille*.)

le découlement des eaulx dans la dite rivière hors du chemin, et les propriétaires du pré aux Loubes [1], et les héritiers et bien tenans de feu Me Léonard de Remigioux [2] de combler les fossés qui sont audict chemin, et empescher que les eaux ny croupissent, et de combler par eux les fossés qu'ils ont faits sur le dit chemin, même ledit sieur de Remigioux ung fossé sortant de la rivière jusque dans ledit chemin, et faire en sorte que ledit chemin soit randu commode dedans la fin du mois de Mai, à peyne contre lesdits propriétaires de deux cents livres d'amande aplicables à la réparation du dit chemin ; dont sera délivré executoire le temps passé, solidairement contre les dits propriétaires, et contraints par saysie et enchères de leurs meubles nonobstans oppositions ou appellations quelconque faites ou à faire, et sans préjudice d'icelles comme de faict de police. Et pour le surhaussement de l'esclusse de Gersant et l'aterissement d'entre led. moullin et ledit pont et au-dessoubs d'iceulx, ordonne que le tout sera visité en notre présence par experts et gens à ce congnoissans qui seront par nous prains d'office pour à leur raport être pourveu à la conservation du pont et cours d'eau, ainsi que de rayson, et ordonne que nous nous transporterons sur les autres endroicts de lad. baronnie et paroisses d'icelle

---

1. Le Pré aux Loubes, ainsi appelé du nom des seigneurs de Reigné et Gersant. Les Loubes, famille noble du Berry (cf. La Thaumassière, *Histoire de Berry*, p. 934) étaient aux xvie et xve siècles possessionnés surtout aux environs de Belâbre et La Trimouille.

2. Léonard de Remigioux était, en 1593, fermier de la terre du Riz Chazerat. Il fut marié à Louise de Gaudru, qui était veuve de lui en 1615. De cette union étaient nés un fils et deux filles : le fils, Jacques, fut marié à Jeanne Esprinchard ; une des filles, Marie, fut mariée à Paul de Meaussé, Ec., sgr de la Boutelaye et de l'Espineau ; l'autre, Louise, épousa N... Rozet. (Archives de la Rivière.) A la même source, on trouve sur une quittance du 5 décembre 1632 «Jacques Chantaise, s^r de Remigioux », et on voit bien par cette pièce qu'il s'agit du fils de Léonard de Remigioux et de Louise de Gaudru. C'est aussi sous cette forme « Chantaise, s^r de Remigeoux », que M. Bardet donne ce nom à la table du journal Demaillasson. (Cf. *Archives historiques du Poitou*, t. XXXVI, p. 162, 163, 462, et XXXVII, table.)

le Liglet, Journet, Saint-Léomer et Saint-Pierre, pour voir et visiter les endroicts où il y a mauvais endroicts, pour pourvoir à la réparation d'iceulx ainsi qu'il apartiendra ; et que la présente ordonnance sera leue par jugement et signifiée aux dits propriétaires pour satisfaire à icelle dans le temps oportun.

Donné et faict et prononcé en jugemens, par nous Laurent Augier [1], commis en l'exercice de la justice de La Trimoille, le lundy vingt sixiesme jour de febvrier mil six cent vingt quattre. Ainsy sygnée, F. Augier sénéchal.

GIBERTON, greffier.

---

1. Partout ailleurs, aussi bien dans les autres parties de cet acte, qu'aux Archives de la Vienne et au *Journal Demaillasson*, Augier, sénéchal de La Trimouille, est appelé Félix. Le prénom de Laurent qui lui est donné ici s'explique par le fait qu'il y eut avant lui, de même que depuis, de nombreux Laurent Augier. Le sénéchal de La Trimouille en 1624 pouvait unir à son nom les deux prénoms de Félix et de Laurent, mais soit comme juge sénéchal de La Trimouille, soit comme époux d'Elisabeth Vachier en premières noces, de Florence de l'Epine en second mariage, soit comme père de Marie Augier, entrée au couvent de Villesalem en 1606, il est toujours appelé Félix Augier.

G

Jugement faisant suite à la précédente ordonnance.

Aujourd'huy, ce requérans le procureur de cour comparant par maître Symon Ribault, veu les jugements et ordonnances ci-davans donnés à l'encontre des propriétaires du pré joignant le pont de ceste ville et par faulte de n'avoir satisfait à iceulx par Pierre Boutot et Marguerite Giberton sa femme, et Georges Jacquemin ès dites ordonnances à faire faire la dite réparation contenue en notre procès verbal : Avons ordonné qu'a faire la dite réparation attendu la qualitté de la mattière qui est politique, qu'ils seront contrains par saisye de leurs biens en quelque lieu qu'ils soient mesme de leur dit pré et que à régie et gouvernement d'iceux il sera estably bon et suffissans commissaires pour en faire faire bails à assemblée de paroisse... Faisons inhibition et deffense auxdits propriétaires de ne troubler ne empescher lesdits commissaires, a peynes de trois cens livres d'amende dont sera délivré executtoire ; le tout payable et executtable nonobstant opposition et appellation quelconque faite ou à faire, sans préjudice d'icelle comme dit est publicque et politicque suivant les ordonnances. Donné, prononcé, et fait par nous Félix Augier, sénéchal et juge ordinaire de la baronnie de la Trimoille, le vingtz sixiesme jour de juin mil six cent vingt quattre. (Suit la signature avec paraphe : F. Augier [1].)

---

1. Au-dessous de ce jugement et sur la même feuille, un sergent certifie qu'il a établi commissaire (nom laissé en blanc) à la régie et garde (ou gouvernement) des fruits revenus et émoluments des pièces de pré appartenant à Pierre Boutot et Marguerite Giberton, sa femme, par faute de n'avoir satisfait au jugement et ordonnance ci-dessus avec pouvoir de « faire faire bail au plus tôt et au moindres frais que faire se pourra en assemblée de paroissiens... » C'est une simple mention à la date du vingt six juin mil six cent vingt-quatre.

H

Défenses de chasse et de pêche dans la baronnie et châtellenie de La Trimouille. (Papier.)

1633.

Sur la remonstrance à nous judiciairement faicte par Maître Simeon Ribault[1], procureur d'office de la cour de ceans, de ce que plusieurs habitants de la ville, baronnye et chastellenye de la Trimouille sans aulcun droict ne respect, symise de chasser à toutes bestes avecque ports darmes et autres engeincts deffendus par les ordonnances royaulx, comme aussy de pescher dans les eaux et rivières de ladite baronnie et chastellenye, au grand préjudice desdictes ordonnances royaulx et contrevenant à nos deffanses faictes par monseigneur[2] de la cour de céans ; Avons, ayans esgard à ladicte remonstrance et sur icelle faisans droit, faict et faisons inhibisions et deffanses à toutes sortes de personnes, de non simicer à chasser dans l'estandue de lad. baronnye et chastellenye de la Trimouille, et ne pescher dans les eaux et rivieres d'icelle contre lesdictes ordonnances royaulx, à peine contre chacun desd. contrevenans, de cinquante livres d'amandes pour la première foys et sur les paines que de droict, lesquelles deffanses avons enjoint au sergent vigier ou autre sergent sur ce requis, icelle lire et afficher aux carrefours de lad. ville et ès paroisses de la présente baronnye et chastellenie. Donné et faict à la Trimouille par nous Louis de La Forest[3], licencier ès lois, sénéchal et juge ordi-

---

1. Simon Ribault, sr de l'Essart, procureur fiscal de la baronnie de la Trimouille. Il fut gratifié par Henri de La Trémoille de plusieurs faveurs.

2. Henri de La Trémoille, fils de Claude de La Trémoille et de Charlotte Brabantine de Nassau. Claude de La Trémoille était mort en 1604. (Cf. *Les La Trimouille pendant cinq siècles*, t. IV, p. 5. *Ibidem*, p. 63, *Ouverture des comptes de Henri de La Trémoille au 1er mai 1606*.)

3. Louis de la Forest ou Delaforest, juge sénéchal de La Trimouille,

naire audit lieu ; le huictième jour de novembre mil six cens trante trois ; ainsi signé : Ribault, procureur susdit, et de La Forest, sénéchal susdit.

La copie est signée : Giberton, greffier [1].

Feuille de papier simple portant au verso : « Le second, quatre, sept, onze et quatorzième jours de decembre, l'an mil six cent trante troys les ordonnances et deffanses étant des autres parts des présantes, ont esté leues, mises et affichées aux carrefours publicqs de la ville de la Tri-mouille et aux portes des églises paroissialles de Saint-Pierre du dit lieu, Liglet, Saint-Léomet et Journet, et ce à telle fin que de raison, et que aultrement personne n'en puissent ignorer, et ay faict d'abondant les inhibitions et deffances y portées, et sur les paynes y contenues et autres que de droict. Fait par moy sergent vigier soussigné les jours et an que, dessus, en chacun desdits lieux et paroisses ci dessus, et en la presence de la plus grandz partye des paroissiens d'icelles et autres. Signé : Perot [2], sergent vigier. »

---

qui fut marié à Marguerite Gaultier, était appelé quelquefois s^r de Liniers. Il mourut à Saint-Savin, où il fut enterré le 28 août 1679. (Cf. *Journal Demaillasson, Arch. hist. du Poitou*, t. XXXVI, p. 227 et 454.)

1. Claude Giberton, s^r de l'Epine. Il signe ailleurs G. Giberton, greffier politique. (*Assemblée et délibération des habitants de La Trimouille du 16 juin 1641.*)

2. Peut-être le même qui était notaire à La Trimouille douze ans plus tard. (Déclaration de Jacques de Ravenel, s^r de la Brandière, à Henry de La Trémoille, reçue par Perot, notaire. et Ribault, notaire.) Le 2 avril 1667, le procureur fiscal de La Trimouille demande à Thouars les lettres pour recevoir Georges de Puismeunier, sergent vigier, à la place de Laurent Perot.

I

Ordonnance par le juge sénéchal de La Trimouille pour faire garder et tenir les bestiaux, et empécher les dégâts sur les propriétés.

1633.

Sur la remontrance à nous judiciairement faicte par le procureur de la cour, de ce qu'il y a plusieurs personnes et particulliers de la présente ville et faulx bourgs, lesquels, bien que n'ayant de dhomaines suffizans pour nourrir grand quantité de brebis, pourceaux et chievres, et autres bestiaux, et neanlmoingtz en tiennent grand nombre en leurs maisons, lesquels ils laissent vaquer sans aucune garde et font gâter les vignes et dhomaines proches de la présente ville[1] et faulx bourgs, au grand préjudice et perte des habitans auxquels les susdits dhomaines appartiennent, requerant les susdites chievres estre ostée de la présente ville et baronny, ou icelles chievres menées par la corde, suivant les ordonnances royaulx, a paine de dix livres d'amandes contre les contrevenans et autres amendes suivant la coustume. Avons, faisant droict à ladicte remonstrance faicte par ledit procureur, enjoinct à tous les manans et habitans de la présente ville et faulx bourgs, de garder et faire tenir tous leurs bestiaux tant gros que menus chacuns en leurs dhomaines, sans qu'ils puissent porter dhomage aux dhomaines de leurs voisins et habitans de lad. ville et faulx bourgs, à peine de six livres d'amandes et autres amandes *arbitaires*, et de tous les despens, dhomages et intérêtz de ceux à qui l'agast et dhomage aura esté fait. Et sera notre présente ordonnance publiée et affichée ès grand porte[2] et carrefour de la pré-

---

1. On verra ailleurs (*Assemblée et délibération du 16 juin 1641*) ce qu'était au xviie siècle la ville de La Trimouille, avec ses faubourgs Saint-Jean et Gersant.

2. Il y avait plusieurs portes de ville, ou soi-disant telles. On ne peut bien déterminer que la place et la forme de la porte dite « portail de

sente ville, et ce par le sergent vigier de la cour de ceans ou autre sur ce requis auquel mandons de ce faire. Donné et faict à la Trimouille par nous Louis de La Forest, licencyer ès lois, sénéchal et juge ordinaire de la baronnie de la Trimouille. Le huitiesme jour de novembre, l'an mil six cent trante trois. Ainsy signé : Ribault, procureur susdit et L. de La Forest, sénéchal susdit.

La copie sur une feuille de papier simple est signée Giberton, greffier [1].

Gersant », démolie seulement vers 1833. Le passage qui lui faisait face du côté du faubourg Saint-Jean ne semble pas avoir jamais été autre chose qu'une interruption du mur d'enceinte, mur qui n'a jamais d'ailleurs entouré complètement La Trimouille.

1. Voir de La Forest, Ribault et Giberton, greffier, dans les *Défenses de chasse et de pêche.*

J

Assemblée et délibération des habitants de la ville de La Trimouille et
de ses faubourgs et du bourg de Saint-Pierre.

1641.

Aujourd'hui en l'assemblée des manans et habitans de la
ville de la Trémouille [1] et des fausbours et bourg de Saint-
Pierre, faicte au parquet dudit lieu à cri publicq pour déli-
bérer de l'ordre que l'on mestra en la nouriture des pourceaux et autres animaux que font la plupart des habitans
de ladicte ville et fauxbours, lesquels pour ne prandre
soing de les garder, ny mesme les retirer les nuictz font
vaquer les dhommaines situez ès appartenance de ladicte
ville et fauxbourgs, dont les habitans propriestaires des
dhomaignes en reçoivent une notable perte à laquelle il
est nécessaire de remesdier ; et principallement, vu que les
agatz ce font de nuict, et par ce moyen les animaux agatans les dictz dhomaignez ne peuvent estre pris, les propriestaires desditz dhomaignes sont contraints de souffrir
ceste perte sans en pouvoir tirer aulcune raison ne recom-
panse. L'affaire mise en délibération du commung con-
santement des habitans de ladicte ville et fauxbours a esté

---

1. Ce qu'on appelait à cette époque la ville de La Trimouille était un
petit groupe de maisons situées à l'ouest de la butte, sur laquelle il n'y
avait déjà plus que les ruines de l'ancien château des La Trémoille.
Cette butte, appelée la Motte, s'élevait entre les maisons de La Trimouille,
et la rivière de la Benaise, qui à cet endroit coulait entre deux moulins
très rapprochés : celui de Gersant et celui de la Font. Des murs d'enceinte et des fossés avaient autrefois protégé cette petite place.
(Cf. Rédet, *Dict. topog. de la Vienne.*) Au xviiⁿ siècle, ces fortifications
étaient en partie détruites, mais comme il en restait encore des traces
(de nombreux actes de notaires parlent des murs do la ville dans
leurs confrontations), ces restes d'enceinte servaient de prétexte à la
distinction que l'on faisait de la ville et de ses faubourgs. Au nord,
c'était le faubourg Saint-Jean, où était l'auberge de l'Ecu de France, où
se traitaient et se signaient beaucoup de contrats (voir le bail à ferme
de la seigneurie et châtellenie de La Trimouille à Georges Jacquemin,
18 mars 1641). Au midi, le faubourg de Gerzant, où se trouvait l'auberge
du Cheval Blanc, donnait aussi son nom au moulin situé près du pont.
(Cf. Carte de Cassini : moulin de Gerzant.)

arresté que nul des ditz habistans ne laissera vaguer ses pourceaux et autres animaux sans gardes, et où ils seront trouvés agatans les dhomaignes, il sera loisible aux propriétaires d'iceulx de les tuer sans que pour ce ils puissent estre poursuivis ès dhommages et inthérest, ne pour le payement des bestes qui auront ainsy esté tuée dans lesdictz dhomaignes et lesquelz auront encore leurs action contre les propriestaire desdictz animaux pour les dhommages et inthérest procéédans desditcz agatz. Et à ce que aucung n'en praine causse d'ignorance, serat la présente ordonnance lhue, publiée et affichée contre la porte [1] et pillory de cette ville et fauxbours. Fait et arresté en l'assemblée des manants et habitans de ladicte ville de la Trémouille, le dix septiesme jour de juin mil six cent quarante et ung au parquet dudit lieu, heure de cour et les plaitz tenant. Ainsy signé : Fleurent Bardin du Rivault, A. Ribault, J. Ribault, L. Boucher, S. de Chastenet, P. Freron, G. Giberton, J. de La Mazière, L. Delerpinière, G. Jacquemin, E. Naude, S. Ribault, J. Ribault, J. Boutot, P. Ribault, N. Bardin, de Chassaigne, G. Gaultier, et C. Giberton, greffier politique.

---

1. La porte du pilori faisait communiquer La Trimouille proprement dite avec le faubourg de Gerzant, et c'est pourquoi on l'appelait aussi « porte de Gerzant ». Elle existait encore au commencement du xix⁰ siècle. Sa démolition fut décidée par délibération du conseil municipal du 5 février 1833, et le 23 mai 1835, M. Ducoudray, maire, citait comme un des meilleurs actes de son administration d'avoir fait disparaître ce portail gênant pour la circulation. (*Mairie de la Trimouille, registre des délibérations.*)

K

Lettre de M. Grandchamp [1] à M. de Chambor [2], procureur fiscal de La Trémoille. De La Haye, le 12 janvier 1668. (Orig., papier.)

MONSIEUR,

J'ai receu les deux lettres que vous m'avez fait l'honneur de m'envoyer. Son A.[3] a leu la sienne et m'a ordonné de vous asseurer qu'elle aura de la reconnessance du seruice que vous lui rendés dans l'occasion de l'affaire de M. le baron de Chasteau-Guillaume [4]. Elle en a escrit à M. de Ravenel [5], et depuis, son A. Mgr son père [6], lui mande que le baron luy promettoit cent cinquante mil escus d'argent et cinquante mil livres de rente, et qu'il a refusé les offres de la dame. je crai que ce beau baron voulloit les tromper tous deux, et les piller ; c'est une affaire eschouée.

Pour ce qui est de vostre ferme vous ne deuiés point rezilier ; quoy qu'il en soit, Mgr le prince de Tarente n'est pas en lieu de vous remettre ; cella pourra pourtant bientòt arriuer, car dès que les affaires seront acheminées à la paix, S. A. ira en France.

Je souhaitterois vous pouuoir tesmoigner et à toute la famille combien je vous honore et suis, Monsieur,

---

1. Une note écrite au revers de cette lettre l'attribue au prince de Tarente, ce qui prouve que ce Grandchamp était son secrétaire ; cela se voit d'ailleurs par l'ensemble de la lettre.
2. Florent Ribaud, procureur fiscal de la seigneurie de La Trimouille après son père Simon Ribaud.
3. Son Altesse : le prince de Tarente, Charles II de La Trémoille, fils de Henri de La Trémoille et de Marie de La Tour d'Auvergne, marié à Amélie de Hesse-Cassel. Il mourut le 14 septembre 1672 avant son père et ne fut jamais appelé que prince de Tarente.
4. Pierre Riffault, écuyer, baron de Château-Guillaume. Il était parrain à Liglet le 4 février 1664. (*Registre paroissial de Liglet.*)
5. Le chevalier de Ravenel, capitaine au régiment de Molac.
6. Henri de La Trémoille, qui mourut à Thouars en 1674.

Vostre très humble et très obéissant serviteur,
Grandchamp [1].

Au dos est écrit : « A Monsieur, Monsieur de Chambor, procureur fiscal de la Trémoille, A la Trémoille. »

---

1. Il est à remarquer que pendant les séjours du prince et de la princesse de Tarente à La Haye, ils y furent toujours entourés de nombreux Français, parmi lesquels était, trois ans avant la date de cette lettre, la célèbre Eléonore Desmier d'Olbreuse, qui allait devenir duchesse de Brunswick, et qui alors qu'elle était demoiselle d'honneur de la princesse de Tarente, dût connaître M. de Grandchamp, secrétaire du prince.

C'est donc vraisemblablement ce même de Grandchamp qui en 1677-1678 fut envoyé par Louis XIV à Zell, et chargé d'une mission secrète près du duc et de la duchesse de Brunswick. (Cf. *Une mésalliance dans la maison de Brunswick* par le vicomte Horric de Beaucaire. *Pièces justificatives de cet ouvrage*, n° 16. Mémoire pour le sieur de Grandchamp en mission à Zell : « Le sieur de Grandchamp a rendu compte au Roy « des sentiments favorables qu'il avait trouvés dans l'esprit de M. le « duc et Mme la duchesse de Zell pour rentrer dans son alliance. L'es- « time que Sa Majesté a toujours eue pour ce prince les lui a rendus « très agréables. Aussy désire-t-elle que le sieur de Grandchamp le lui « témoigne de sa part », *op. cit.*

Gourville dit aussi (t. I, chap. XII, p. 329 de ses *Mémoires*) : « MM. les « ducs de Zell et évêque d'Osnabruck étaient des princes aussi généreux « qu'il y en eut au monde ; pleins de bonté et de libéralité, leurs « cours étaient remplies, particulièrement celle de M. le duc de Zell, « de Français, etc... »... et en annotation, au bas de la page : « ils y étaient attirés par la duchesse d'Olbreuze » (*op. cit.*).

L

Publications pour les hommages à rendre au duc de La Trémoille, dans les paroisses de Saint-Pierre de La Trémoille, Saint-Leomer, Journet et Liglet.

1676.

Aujourd'hui judiciairement le plaid de la cour de ceans tenant par devant nous Jean Naude [1], licensié ès loix, seneschal et juge ordinaire du duché de la Trémoille (est élevé) le procureur de la cour comparaut par maître Fleurent Ribault, procureur d'office du seigneur de la cour de ceans, lequel nous a remontré qu'il y a plusieurs seigneurs de fief quy relaive hommagement de la seigneurie de la cour de céans, lesquels sont toujours demeuré en négligence de faire les foix et homage qu'ils doivent, et rendre le dénombrement des choses desquelles sont conpozé leurs fiefs et se prevalle de ce sillance ; prenne et usurpe beaucoup de choses sur ceste seigneurye ; et aux fains de les constituer en demeure et les obliger à leurs devoirs, requis estre ordonné qu'ils viendront dans quinzaine faire les foix et homage, et dans quarante jours aprais ledit homage, fournir leurs dénombrements et adveux dans la forme de droit ; et que à ceste fain les homages seront publiés au prosne de la messe par le curé de la paroisse ou à issus d'icelle en la plus grande affluance du peuple sortant de ladite esglize, par le premier sergent de la cour de céans ou autre sur ce requis ; et d'abondant affiché contre la porte du présent auditoire et contre la porte et prinsipalle entrée desdites églizes des paroisses de Saint-Pierre de la Trémoille, Saint-Léomer, Journet et Liglet, sur quoi

---

1. Jean Naude, juge sénéchal de La Trimouille, épousait, le 10 septembre 1654, à Liglet, Marie Micheau ; il fut marié une seconde fois à Marie Baunier. Celle-ci faisait procéder à un inventaire après le décès dudit sʳ Jean Naude, son mari, le 7 juin 1690. (*Registre paroissial de Liglet.*)

avons octroyé acte audit. procureur de la cour, de sa remontrance et requisitoire, et y faisant droyt, ordonné que tous les vassaux relevant, et tenant à foix et homages leurs fiefs, de la seigneurie de la cour de ceans, viendront faire leurs foy et homage dans quinzaine ; et à cette fain assigné pour toute prescription et délai ; et affain qu'ils n'en puissent prétendre cause d'ignorance, sera nostre présente ordonnance lheu et publié aux prosnes des messe des paroisses de Saint-Pierre de la Trémoille, Saint-Léomer, Journet et Liglet, par les curez desdits lieux ; aux prosnes de leurs messes, ou à issus, au devant les portes desdites églizes par un des sergents de la cour de ceans, ou autre premier sur ce requis ; et d'abondant affiché contre la porte du présent auditoire et contre la porte et principalle entrée des dites esglizes ; et à faulte d'y satisfaire, qu'ils y seront contraincts par saisye de leurs biens et fruits quy demeureront en pure perte au profit dud. seigneur de la cour de ceans. « Sy » donnons en mandement au premier sergent de la cour de ceans, ou autre sur ce requis, de mettre cette présente a dheue et entiere exécution sellon ceste forme et teneur, auquel mandons de ce faire.

Donné et fait en l'assize du duché de la Trémoille tenus aud. lieu par nous Jean Naude, licensié ès loix, sénéchal et juge susdit. Le quinzieme jeuing mil six cent soixante et saize. Signé : Phelipard [1] greffier. Comme aussy tous les habitans, tant nobles que autres pour obvier à fraictz rendront déclarations des lieux, dhoumaines et héritages qu'ils tienne roturièrement dans le fonds et fief de la cour de ceans aud. procureur dans le temps cy-dessus ; faulte dy satisfaire led. sieur procureur se pourvoira suivant et conformément

---

1. Claude Phelipard (*aliàs* Philippard), procureur, greffier et notaire en la justice de La Trimouille, marié à Claire Boutot. Ils eurent une fille baptisée le... mai 1674, et un fils Jean, le... juin 1682. (*Registre paroissial, mairie de La Trimouille.*)

à la coustume que par autre voix qu'il verra affaire afain que du tout n'en puisse hignorer. — Ribault [1], procureur.

SAINT-LEOMER.

Monsieur le procureur fiscal de la Trémoille faict assavoir aux seigneurs de fief relevant du duché de la Trémoille, faulte par eux de satisfaire à l'ordonnance publiée aux églizes des quatre paroisses de Saint-Leomer, Journet, Liglet et Saint-Pierre, pour randre leurs hommages et desnombremants, il fera saisir et establira des commissaires sur lesd. fiefs de la Brethollière [2], Flours et Martois, huictainne passée, suivans la coustume ; veu le peu de consideration qu'ils ont pour son altesse Monseigneur de la Tremoille et de Thouars, prince de Tarente, etc., le tout afin qu'il n'en puissent hignorer.

JOURNET.

Monsieur le procureur fiscal de la Trémoille fait assavoir aux seigneurs de fiefs relevant du duché de La Trémoille faulte par eux de satisfaire à l'ordonnance publiée aux églises des paroisses de Journet et Liglet Saint-Pierre et Saint-Léomer pour rendre leurs homage et desnombremants, il fera saisir et établira des commissaires sur lesd. fiefs ; faulte par eux dy satisfaire à huictainne passée, saisira

---

1. Florent Ribault, procureur fiscal, abjura le protestantisme le 29 juin 1678 et le même jour épousa Marie Mercier, veuve Fromenteau. Plus tard, le même Florent Ribault étant devenu veuf, épousa en second mariage (5 mai 1690), Michelle Tongrelou. (*Registre paroissial, mairie de La Trimouille.*)

2. La Bertholière ou Bretholière, paroisse de Saint-Léomer, devint la possession de la famille de Ravenel, antérieurement à 1633. Seigneurs de la Bertholière : Hector de Ravenel en 1633 ; Louis de Ravenel en 1643 ; autre Louis de Ravenel de 1660 à 1677 ; N. de Ravenel, de 1677 à 1710 ; Mlle Marguerite de Ravenel, née en 1710, mourut célibataire à la Bertholière en 1784. A ce moment, Pierre de Coral, qui assistait à l'inhumation de Mlle de Ravenel, se qualifie seigneur de la Bertholière. (*Registre paroissial de Saint-Leomer.*)

les fiefs du Ris Chazerac [1], la Roche Coingne [2], Monson [3], Champignolle [4], Cremiers [5], la Braudière [6] et la Barbotiere conformément à la coustume.

LIGLET.

Monsieur le procureur de la Trémoille fait assavoir aux seigneurs de fiefs relevant du duché de la Trémoille, faute par eux de satisfaire à l'ordonnance publiée aux églises des paroisses de Saint-Pierre, Saint-Leomer, Journet et Liglet pour rendre leurs hommages et dénombrements, il fera saisir et establira des comissaires sur lesd. fiefs, faulte par eux dy satisfaire et huictaine passée, saisira les fiefs du Vergier [7], Courtevrault [8], le Poiron [9], Boigrenier [10], Peugibe [11], la Marcolière [12], la Gerbaudière [13], le Bougarnier [14], conformément à la coustume, etc.

---

1. Le Ris-Chazerac, possédé par Jacob de Ravenel jusqu'à sa mort, 1672, devint plus tard la propriété de Pierre de Muzard. En 1689, Pierre de Muzard, sgr du Ris, était marié à Marie de Chassaigne. (*Registre paroissial de Journet.*)

2. La Roche-Coigne. Les seigneurs du Ris-Chazerac ont presque toujours possédé la Roche-Coigne. (Pierre de Muzard comme dessus.)

3. Monson : seigneur, François de Coustin en 1661. (*Registre paroissial de Journet, baptême du 15 juin 1661.*)

4. Champignolle : seigneurs, François Girard, cé., et, à sa suite, Bonaventure Girard, aussi écuyer, 1659 à 1681. (*Registre de Journet.*)

5. Jean Vachier, sr de Cremiers. (Cf. *Journal Demaillasson*, t. XXXVI. *Archives historiques du Poitou.*)

6. La Brandière : seigneur, Hector de Chassaigne, qui en avait rendu aveu le 8 avril 1668.

7. Le Vergier : seigneurs, Pierre Bony de Lavergne en 1671, et Jean Bony de Lavergne à sa suite. (*Registre de Liglet.*)

8. Courtevrault : seigneur, Philippe de Durfort en 1664 et 1693. (*Registre paroissial de Liglet.*)

9. Le Poiron : seigneur, Jacques Bardin du Rivault en 1665 et encore en 1681. (*Registre paroissial de Liglet.*)

10. Boisgnenier : seigneur, Pierre Bony de Lavergne à la suite de autre Pierre Bony de Lavergne en 1679. (*Registre de Liglet.*)

11. Peugible avait été possédé avant cette époque, vers 1657, par Léon Bardin du Rivault. (*Registre paroissial de Liglet.*)

12. La Marcolière : fief uni à celui du Verger. (Voir la liste des gentilshommes demeurant en la justice de La Trémoille.)

13. La Gerbaudière : seigneur, René de Brossard qui décéda en 1677. (*Registre paroissial de Liglet.*)

14. Bougarnier ; Boisgarnier, 1654. (*Cure de La Trimouille.*) (Rédet, p. 54, *op. cit.*)

M

Extraict des gentilshommes qui sont demeurant dens l'estendue de la
justice de La Trémoille et de la valleur de leurs fiefs, suivant que l'on
a peu le cognoistre.

1676.

Premièrement, Messire Louis de Ravenel [1], escuyer, seigneur de la Rivière, capitaine de cavallerie au régimant de
Mollac qui sert actuellement. Et lequel pocède les fiefs de
la Rivière et de Gerzans, qui peuvent bien valoir tant
noble que routturyer environ sept à huit cents livres. Plus,
Messire Louis Armant de Ravenel [2], escuyer, seigneur de
Règner, garde du Roy, qui pocède ledit fief de Règner, qui
peut bien valloir tant noble que routturyer environ cent
quarante livres ; lequel lieu est en bail. Plus Jacque
Vezien [3], escuyer, sieur de la Ferrandière : pocède le fief
du Rivaux et dépendance, tant noble que routturyé : peut
valloir environ deux cents livres de revenu par an. Plus,
Jean Vezien [4], écuyer, sieur de la Secheresse, pocéde un

---

1. Louis de Ravenel, fils de Jacques de Ravenel, écuyer, sr de la
Braudière, et de Marie de Marconnay, marié à sa cousine Marie de
Ravenel, fille de Gabriel de Ravenel, écuyer, sr de la Rivière et de
Anne Giberton, est qualifié chevalier et lieutenant-colonel au régiment
de Mollac en 1670, à l'acte de baptême de sa fille Anne-Marie. Celle-ci
fut mariée, le 8 septembre 1694, à Georges de la Bussière ; et sa sœur
Elisabeth, autre fille de Louis de Ravenel, épousa, le 17 janvier 1707,
François de Saint-Georges, écuyer, sgr de Périssé, qui était veuf de
Marguerite de Brossard. (*Registres paroissiaux, mairie de La Trimouille.*)

2. Louis-Armand de Ravenel, fils de Jacques de Ravenel et de Marguerite Stellant, fut seigneur de Régné après son père. Il épousa, le
15 mars 1691, Marguerite de Condé, fille de Louis de Condé et do Marguerite Philipart. (*Registres paroissiaux, mairie de La Trimouille.*)

3. Jacques Vezien, écuyer, sr de la Ferrandière et du Rivaux, était
marié à Renée de Mauvise. Leur fille, Marie-Rose Vezien, fut mariée,
le 10 décembre 1716, à Claude de La Faire, sgr du Bouchaud. (*Registre
paroissial de La Trimouille.*) Jacques Vezien de la Ferrandière était fils
de Jacques Vezien, sr du Breuil-Champagne et de Perrette Delachaume.
(Cf. *Journal Demaillasson*, t. XXXVII des *Archives historiques du Poitou*,
p. 79.)

4. Jean Vezien, éc., sr de la Sécheresse, fils de Jacques (*alias* Jean)
Vezien, sr du Breuil-Champagne et de Perette de la Chaume, épouse à
Liglet, le 8 juillet 1698, Jeanne Delouche, fille de Michel Delouche et

petit fief appelé de la Secheresse, qui peut avoir de reveneu par an, tant noble que routturyé cent à six vingt livres. Plus, Mlle Vezien [1] pocède deux petites dismes en droit de fief, et laquelle peut bien avoir de reveneu tant noble que routturyé, environ cent quarante livres. Plus, Messire Phellipe de Durefort [2], escuyer, seigneur de Courtevrost, pocède le fief de Courtevrost qui peut bien valloir, tant noble que routturier, sept cents livres de reveneu. Plus Jean Bauny de Lavergne [3], escuyer, seigneur du Boisgrenier, pocède ledit fief du Boisgrenier, qui peut bien auoir de reveneu par an tant noble que routturyé deux cents livres. Plus, Pierre Bauny de Lavergne [4], escuyer, s[r] du Verger, pocède ledit fief du Verger et le fief de la Marcollière, et peut avoir de

---

de Marie de Forges. (*Registre paroissial, mairie de Liglet.*) Jean Vezien, s[r] de la Sécheresse, mourut en 1702 et fut inhumé le 14 décembre dans l'église de Saint-Pierre de La Trimouille. (*Registre paroissial, mairie de La Trimouille.*)

1. Mlle Vezien, sœur des précédents. Son identité est bien établie par le passage suivant du *Journal Demaillasson* : « Ledit jour (24 février 1688) « Maillasson et sa sœur de Massé sont allés après disner voir M. de la « Ferrandière et Mlle Vezien, sa sœur, à cause de la mort de Mlle du « Brueil, leur mère. » (T. XXXVII, p. 79, des *Archives historiques du Poitou, op. cit.*)

2. Philippe de Durfort, Ec., sgr de Courtevrault, fils de Léon-Armand de Durfort et de Marie de Béthune, marié à Anne Lemeusnier. Celle-ci fut marraine d'une cloche à Liglet le 13 août 1793. (*Registre paroissial de Liglet.*) (Voir aussi dans le P. Anselme la généalogie des de Durfort, branche des seigneurs de Born.)

3. Bauny de Lavergne, ou mieux « Bony », Ec., s[r] du Boisgrenier, est appelé Pierre dans tous les actes où il est désigné au registre paroissial de Liglet. Marié à Marguerite de Forges, ils eurent d'assez nombreux enfants, dont le premier Charles, en 1679, et le dernier François, en 1692. Le sieur de Boisgrenier mourut en 1694, et fut inhumé le 15 février dans l'église de Liglet. (*Registre paroissial de Liglet.*)

4. Le seigneur du Verger porté ici avec le prénom de Pierre, est au contraire celui qui est appelé Jean au registre paroissial de Liglet. Jean Bony de Lavergne, seigneur du Verger, était marié à Marie de Marquès. De ce mariage, un premier fils, Joseph, né le 6 juillet 1692, mourut en bas âge ; un autre, Pierre, fut baptisé le 20 décembre 1693. Jean Bony de Lavergne, chev., sgr du Verger, mourut en 1709 Il fut inhumé le 16 janvier dans l'église de Liglet (*Registre paroissial, mairie de Liglet.*) La terre du Verger fut plus tard possédée par les d'Oiron. A la veille de la Révolution, le 5 mai 1788, Pierre d'Oiron de Gouzon rendait aveu avec dénombrement de sa seigneurie du Verger en la paroisse de Liglet, à Charles-Godefroy de La Trémoille, duc de Thouars, pair de France, prince de Tarente et de Talmont. (*Archives de la Vienne*, E. 1-42.)

reveneu tant noble que routturié environ trois cent cinquante livres. Plus, René de Brossard [1], escuyer, sieur de l'Esrondière, pocède le fief et seigneurye de la Gerbaudière, et peut avoir de reveneu tant noble que routturié cent cinquante livres. Plus, Monsieur Le Cognieux [2] pocède le fief de Courchon qu'il a acquis du feu s[r] de la Brosse Saint-Hillaire qui peut valloir de reveneu environt deux cents livres. Plus, Jacques Bardin Durivaux [3], escuyer, seigneur du Poiron : pocède le fief du Poiron. Et peut avoir de reveneu dans ladite justice tant noble que routturyé cinq à six cents livres.

---

1. René de Brossard, Ec., sgr. de l'Erondière et de la Gerbaudière, fut marié à Françoise de La Croix. De ce mariage était née, en 1670, une fille, Marguerite, qui épousa, le 8 février 1695, François de Saint-Georges, éc., s[r] de Périssé. Celle-ci mourut le 23 décembre 1704 et fut inhumée le lendemain dans l'église de Liglet, chapelle de Sainte-Radegonde. (*Registre paroissial de Liglet.*)

2. N. Le Coigneux, marquis de Belâbre. D'après le registre paroissial de Liglet, il possédait aussi un four banal dans ce bourg. (Décès au four à ban de M. Le Coigneux de Belâbre, de Jean Bernard, le 14 novembre 1694.) On trouve encore au même registre paroissial le nom de Lecoigneux ainsi mentionné : « Baptême, le 26 novembre 1710, de Marie- « Madeleine, fille de François de Saint-Georges et d'Elisabeth de Ra- « venel : parrain, le chevalier Lecoigueux de Belâbre ; marraine, « Madeleine du Ligondès de Genouillac. »

3. Bardin Jacques Ier du nom, éc., sgr du Rivault du Poiron et de la Salle d'Archigny, fils de Bardin Louis II du nom, éc., sgr du Rivault et du Poiron, et de Jeanne Jacquemin, marié à Gabrielle Gruget, fille de Nicolas Gruget, éc., sgr de la Salle d'Archigny et de Judith Guillon. (Beauchet-Filleau, 2e édition, t. II, p. 207.) — Le registre paroissial de Liglet donne à la date du 8 juillet 1710 l'inhumation dans l'église de Liglet de Jacques Bardin du Rivault, éc., sgr du Poiron. (*Registre paroissial, mairie de Liglet.*)

IV

Mandement de Louis de Beaumont, sénéchal de Poitou, pour faire
mettre à exécution les lettres du roi Charles VII, du 27 mars 1457-
1458, portant convocation des gentilshommes du Poitou pour s'op-
poser aux tentatives de descente des Anglais sur les côtes de la
province. (Orig., parch. jadis scellé sur simple queue ; fonds de la
baronnie d'Aubigny et Faye, arch. de la Vienne Eⁿ.)

1458, 10 avril.

Loys de Beaumont, chevalier, seigneur du Plesseiz Macé
et de la Fourest, conseiller et chambellan du roy nostre
sire et son seneschal en Poictou, au premier sergent du
roy nostre sire qui sur ce sera requis, salut. Nous avons
receu les lettres dud. seigneur desquelles la teneur sen-
suyt :

Charles, par la grace de Dieu, roy de France, au seneschal de Poictou ou à son lieutenant, salut. Comme puys
nagueres nous ayons entendu que noz enciens ennemis et
adversaires les Angloys ayent fait et encores font grosse
armée en entencion de faire dessente en aucuns lieux et
parties de nostre royaume dedens brief temps pour faire
guerre et porter doumaige à noz subgiez d'iceluy, et soit
ainsi que pour resister ausd. entreprinses et obvier adce
qu'ilz ne puissent faire ne porter doumaige en icelluy
nostre royaume, nous, pour ces causes et par l'advis,
conseil et delibéracion de plusieurs des seigneurs de nostre
sang et de nostre conseil, avons ordonné et estably faire
metre sus les nobles de nostred. royaume, et mesmement
ceulz de vostre seneschaucée, en point et en estat pour nous
venir servir ès lieux que par nous ou vous leur seront
ordonnés : pourquoy nous vous mandons et commectons
par ces presentes que vous faictes assavoir et signiffier de
par nous ès lieux acoustumez ond. pays, par cry publique,
à tous les nobles, vassaulx et autres gens tenant de nous en
fief ou arriere fief et qui ont acoustume d'eulx armer,
suyvre et frequenter la guerre sur peine de commetre leurs

terres, seigneuries et fiefz envers nous et autres paines
qu'il appartendra, selon l'exhigence des cas, que incontinent et sans delay ils se metent sus en armes et en habillement de guerre le mieulx et plus convenablement que faire
ce poura, chascun selon sa faculté et puissance, pour venir
là où nous leur ferons savoir et que par vous leur sera
ordonné, et qu'ilz soient prest pour partir dedens le premier jour de juing prouchain venant, et avecques ce voullons que on cas que plus exprès commandement n'auriez
de nous, que aud. jour vous voyez lesd. nobles et vassaulx
montez et armez en leur habillement et que pour ce faire
vous les assemblez ès lieux que verrez estre à faire plus
aisiez pour eulx que faire ce pourra pour les amener ou
envoyer devers nous ou les faire aler ès descentes de la
mer ou les metre en garnisou à la garde des places dud.
pays ainsi que par nous ou vous leur sera ordonné, ou les
renvoyez en leurs maisons jusques à autre tel temps que
par vous leur sera fait savoir, en leur faisant exprès commandement de par nous, soubz les peines dessusd. qu'ilz se
tiennent en point et estat, et à ce faire les contraignez par
la prinse de leurs terres, seigneuries et biens en nostre
main et par toutes autres voyes acoustumées à faire en tel
cas ; et neantmoins pour ce que les aucuns desd. nobles et
vassaulx ont terres et heritaiges en autres lieux et pays
estans hors de vostred. seneschaucée, esquelx lieux nous
ne faisons pour le present aucun mandement, et que pour
eviter à venir en nostred. service ilz se pourroient absenter
et aler demourer en iceulx lieux et pays, jà soit ce que de
present ilz facent leur demourance en vostred. seneschaucée, nous voullons iceulx par vous estre contrains à eulx
meetre sus et venir en nostred. service, comme les autres
de vostre seneschaucée, par la fourme et maniere dessus-
dicte. De ce faire vous donnons povoir, auctorité, commission et mandement especial, mandons et commandons à
touz noz justiciers, officiers et subgiez que à vous, vos

commis et depputez en ce faisant obbeissent et entendent diligemment. Donné à Tours le xxviie jour de mars l'an mil cccc cinquante et sept avant Pasques et de nostre regne le xxxvie. Ainsi signé : Par le roy en son conseil, de Rulhac.

Par vertu et autorité desquelles lettres du roy nostred. seigneur dessus transcriptes et du povoir à nous donné et commis par icelles, nous vous mandons et commandons par ces presentes que vous transportés ès villes, lieux et chastellenies de Nyort, Saint-Maixent, la Mothe Saint-Araye, Lezay, Fors, Bennelz, Prahec, Parthenay, Melle, Chiebetonne, Thusson, Villefeignen, Coustures, Marsillac, Chasteauneuf, Aulnay, Chizé, Villeneufve la Contesse, Dompierre, Jarnac, Champaigne Mouston et esd. lieux signiffiez et faictes assavoir de par le roy nostred. seigneur par cry publique ès lieux acoustumez à faire criz à touz les nobles, vassaulx et autres gens tenans dud. seigneur en fief ou arrière-fief et qui ont acoustumé d'eulx armer, suyvre et frequenter la guerre, sur peine de commectre leurs terres et seigneuries envers le roy nostred. seigneur; que incontinent et sans delay ilz se mectent sus en armes et en habillement de guerre le mieulx et plus convenablement que faire ce pouront, chascun selon sa faculté et puissance, pour venir on service dud. seigneur là où par led. seigneur ou nous leur sera ordonné et fait savoir, et qu'ilz se rendent en leurd. habillement par devers nous ou nos commis aux lieux de Nyort et d'Aunay au xxve jour de may prouchain venant et premier jour de jung ensuyvent et chascune desd. chastellenies, ainsi que portent les instructions par nous sur ce ordonnées et que verrez par icelles esquelx lieux leur sera fait savoir la voulunté et intencion du roy nostred. seigneur. De ce faire vous donnons povoir et mandement especial par ces presentes. Mandons et commandons à touz les subgiez et soubzmis du roy nostred. seigneur que à vous en ce faisant obbéissent et entendent diligemment. Donné soubz le seel de noz armes le x⁰ jour d'avril l'an mil cccc cinquante et huit [1].

DE BEAUMONT.

---

[1]. A la suite de ces lettres est une attache sur parchemin signée du même de Beaumont, en date du même jour, commettant Jehan de Choursses, seigneur de Vallans, pour commander en son lieu les nobles réunis en vertu de la précédente convocation. La seule différence à noter consiste dans l'intercalation des châtellenies suivantes, omises dans le premier mandement : après Melle on lit : *Segondigné, Herisson, Coulonges-les-Reaulx...*

V

Contrat de mariage, portant constitution de dot, entre les fils de Guillaume Symart, de Montamisé, et les filles de Perrot Moriceau, laboureur au Breuil-Mingot. (Original parchemin, papiers de famille de Mascureau.)

8 janvier 1462.

Sachent tous que, en droit es cours du seel aux contraiz à Poictiers estably pour le Roy, nostre sire, et de nous official dudict lieu, et en chacune d'icelles, ainsi toutes-voyes que par l'une desdictes cours l'exécucion de l'autre ne soit en aucune manière retardée ne empeschée pour l'autre, mais soit l'une pour l'autre plus vallable, mieulx acertennée et confermée, personnellement estably Perrot Moriceau, laboureur, d'une part, et Guillaume Symart [1], de la paroisse de Montamiser, d'autre part, ont cogneu et confessé lesdictes parties et chacune d'elles avoir fait, passé et accordé entre elles les promesses et convenances en ces présentes contenues. C'est assavoir ledict Moriceau, en faveur et prolocucion du mariage parlé et accordé et en espérance d'acomplir en face de saincte mère Eglise entre Macée et Jehanne Moricelles, filles dudict Perrot Moriceau, et Perrin et Bernabé Simarts, enffens dudict Guillaume Symart, a icellui Moriceau, en faveur susdicte, baillé, délaissé et transporté ausdicts Macée et Jehanne Moricelles, Perrin et Bernabé Symarts, fucturs expoux, présens à ce et acceptans o l'auctorité de leurdict père souffisamment, à eulx donné à perpétuité, pour eulx et les leurs et qui cause auront d'eulx, c'est assavoir le lieu de la Mynauderie avecques ses appartenences et appendences d'icellui, assi et estans on village du Breuilhmaingo, lequel lieu et appartenences susdictes ledict Moriceau avoit naguères prins à

---

1. Le 20 avril 1513, Berthomée Symarde était décédée, laissant en héritage la Symarderie, et Jehanne Symarde était le 2 mars 1543, femme de Hillairet Morisson (pap. fam. de Mascureau).

certain devoir perpétuel de Jehan Nepveu, si comme plus
à plain appert par lectres sur ce faictes et passées entre
lesdicts Nepveu et Moriceau, en paient, par lesdicts Symarts
fucturs expoux et par les leurs, les charges et devoirs ancien-
nement deuz à cause dudict lieu et comme il est déclairé
esdictes lectres. Et aussi en faveur que dessus, bailler et
délaisser ledict Moriceau ausdicts fucturs expoux, deux
beufs d'arée, deux brebiz et deux chèvres, quatre linceulx
doublers, deux cousteretz de vin, une table de douze piez
de long, et, avecques ce, ledict Moriceau délaisse aux dessusdicts tous les guéretz levez qui sont dudict lieu et autres.
Et en faveur que dessus, Jehan Moriceau, filz dudict Perrot
Moriceau, lequel estoit et fut présent avecques ledict Perrot
sondict père à prendre ledict lieu de la Mynauderie, lequel
père estably en droit esdictes cours et en chacune d'elles,
a icellui quicté et renoncé tout le droit qu'il povoit avoir
audict lieu au prouffit desdicts fucturs expoux et des leurs.
Et a esté dit, parlé et accordé entre lesdictes parties en
faveur que dessus que, quant Guillemin Symart, filz dudict
Guillaume Symart, et Berthomée Moricelle, fille dudict
Perrot, ladicte fille eagée de huit ans ou environ et ledict
Guillemin eagié de neuf ans ou environ, toutes et quantes
foiz qu'ilz viendront à cage et distrection de solempniser
mariage, lesdicts Perrot Moriceau et Guillaume Symart ont
promis de faire et acomplir et prendre l'un l'autre à expoux
en face de saincte mère Eglise. Et ces choses toutes et
chacunes, tout ainsi qu'elles sont par dessus dictes, spé-
ciffiées et déclairées, lesdictes parties et chacune d'elles
ont cogneu et confessé estre vrayes et icelles et chacune
d'elles ont promis et juré, pour elles et les leurs par les
foy et serment de leurs corps, et, sur l'obligacion de tous
et chacuns leurs biens meubles et immeubles présens et
avenir quelxconques, tenir à jamais, garder, entérigner et
acomplir de point en point selon leur forme et teneur,
sans faire ne venir encontre par eulx ne par autres, et

amander tous coustz, intérestz, domages et despens que
l'une desdictes parties ou les leurs auront, feront ou sous-
tiendront par deffault des choses dessus promises, non
tenues et non acomplies à temps ne à heure, en renonciant
sur ce à toutes et chacunes excepcions de décepcions tant
de fait que de droit quelxconque. Et sur ce ont esté lesdictes parties et chacune d'elles jugées et condempnées à
leurs requestes par le jugement et condempnacion desdictes cours et de chacune d'elles et de l'auctorité de
nousdict official amonnestées compectement. Aux jurisdi-
cions et cohercions desquelles cours et de chacune d'elles,
lesdictes parties et chacune d'elles ont suppousé et soubmis
elles, les leurs et tous et chacuns leursdicts biens quant
aux choses susdictes. En tesmoing desquelles choses, nous,
Jehan Macée, clerc garde dudict seel, et nousdict official,
les seels desdictes cours, à la requeste desdictes parties, à
ces présentes lectres avons mis et appousez. Donné et fait
le huitesme jour de janvier l'an mil quatre cens soixante et
deux.

O. Le Roux.

VI

MONTRE DU 6 JANVIER 1477

Nous croyons qu'il y a intérêt à distinguer les rôles des montres et revues de ceux des bans et arrière-bans. Les premiers sont les états nominatifs, les contrôles de compagnies régulièrement constituées, commandées par leurs capitaines respectifs et encadrées de leurs officiers, voire même de leurs bas-officiers. Sur ces listes, où figurent des noms appartenant à toutes les contrées de la France, on voit beaucoup de surnoms et de noms de guerre dissimulant l'identité réelle de leurs possesseurs, et, si la Société des Archives historiques a déjà publié un certain nombre d'entre elles, c'est qu'elles intéressaient le Poitou, soit par la personnalité des capitaines, soit par le rôle joué par les compagnies dans l'histoire militaire de notre province.

Les voici dans l'ordre de leur publication :

Montre et revue des 96 hommes d'armes et 190 archers de M. de Crussol, sénéchal de Poitou, du 5 mai 1470 [1].

Montre de la compagnie de Miles de Thouars, du 6 août 1353 [2].

Revue de Guillaume des Bordes, reçue à Mirebeau le 16 juillet 1371 [3].

Montres de Raoulequin de Rayneval et d'Estienne Maynart, reçues à Poitiers le 1er juin 1373 [4].

Enfin, sous le titre de Montres et Revues [5], celles de M. de Thors, du 1er août 1387 ; de Mgr de la Trémoille, du 11 décembre 1530 ; de Mgr de Montpensier, du 9 octobre 1548 ; de René de la Haye, des 8-11 juin 1568 ; du capitaine Phorien, du 27 septembre 1570 ; de M. de Jarnac, du 26 janvier 1574 ; du sr de la Blouère, du 21 juin 1583 ; du sr de Préau, du 4 août 1603 ; du sr de Sérans, du 16 janvier 1622 ; du sr de Granché, du 29 mai 1658, et du sr de Beauchamp, du 31 décembre 1673 [6].

---

1. *Arch. hist. du Poitou*, t. II, p. 300.
2. *Arch. hist. du Poitou*, t. VIII, p. 412.
3. *Arch. hist. du Poitou*, t. XIX, p. LXIV (pièces annexes).
4. *Arch. hist. du Poitou*, t. XIX, p. LXVI (pièces annexes).
5. *Arch. hist. du Poitou*, t. XXXI, p. 81 et suivantes.
6. Il convient de signaler aussi les gens d'armes de la compagnie de Jean de la Roche, nominalement désignés dans des lettres d'abolition du 9 avril 1431. (*Arch. hist. du Poitou*, t. XXIX, p. 8.)

On trouvera aussi plus loin dans le présent volume le rôle de la montre faite à Brouage, le 7 août 1582, des cinquante hommes de guerre du capitaine Camille Strozzi.

Précédemment, M. H. Beauchet-Filleau avait fait paraître dans les *Pièces inédites, rares ou curieuses concernant le Poitou et les Poitevins* [1], trois montres et revues du XIV° siècle qui sont : la Revue de Jean de Montalembert, du 15 juin 1387, la Crue des Gens-darmes reçue à Niort le 27 septembre 1387 et la Montre de la compagnie de Renaud de Pons, du 26 mars 1350.

Ces pièces administratives, établies pour les besoins du payement de la solde ou de la distribution des vivres, diffèrent essentiellement, semble-t-il, des rôles des bans et arrière-bans, destinés, eux, à faire le dénombrement et l'appel de tous ceux qui, par le fait de leurs possessions, devaient le service militaire personnel ou étaient tenus, par exemple lorsqu'il s'agissait de femmes ou de clercs [2], à se faire représenter par des bras plus capables de porter les armes. Dans les rôles de cette seconde catégorie, sont groupés tous les possesseurs de fiefs d'une province avec l'indication de la châtellenie dont ils dépendent, et, si l'on passe en revue ces tenants noblement, c'est afin de vérifier leur état de servir ou d'examiner la validité des raisons de ceux d'entre eux qui croient devoir être exemptés. Le ban comprenant les vassaux directs du roi et l'arrière-ban, les arrière-vassaux, nous touchons là au véritable mécanisme de la mobilisation féodale.

Pierre de Sauzay [3] a publié en 1667 les rôles des bans et arrière-bans du Poitou, de la Saintonge et de l'Angoumois convoqués, le 21 septembre 1467, par Yvon du Fou, le 26 novembre 1491 par Jacques de Beaumont, et en 1533 par le commandement de François Ier.

M. de la Roque [4], à la fin de son traité du ban et de l'ar-

---

1. Paris, Académie des Bibliophiles, 1870.

2. Voy. le marché de remplacement au ban et à l'arrière-ban, passé le 23 juin 1544 entre une veuve et deux écuyers. (*Arch. hist. du Poitou*, t. XX, p. 322.)

3. Pierre de Sauzay, s[r] de Boisferrand. *Roolles des bans et arrière-bans de la province de Poictou, Xaintonge et Angoumois, etc.* Poitiers, 1667. (Voy. la note que lui a consacrée M. de la Bouralière, *Arch. hist. du Poitou*, t. XXII, p. XXI.) Cet ouvrage a été réimprimé à Nantes, en 1883, par les soins de M. de Monti de Rezé.

4. M. de la Roque. *Traité de la noblesse et de toutes ses différentes espèces. Nouvelle édition augmentée des traités du blason des armoiries de France, de l'Origine des noms, surnoms et du ban et arrière-ban.* Rouen, 1734, p. 133.

rière-ban et à la suite des rôles de plusieurs anciens bans et arrière-bans où il mentionne les seigneurs du Poitou convoqués en 1304, 1317 et 1350, a donné, sous le nom de Nouveaux rolles du Poitou tirés du cabinet de M. Clairambault, la montre commencée à Poitiers le 31 mai 1557. Il cite aussi l'ouvrage de P. de Sauzay et un arrière-ban du Poitou de 1464 (*Meslanges*, v. 22, f° 265, dans le cabinet de M. Clairambault).

Dans les *Documents inédits pour servir à l'Histoire du Poitou* [1], publiés par la Société des Antiquaires de l'Ouest, on trouve le Rôle de l'arrière-ban du Poitou convoqué, croit M. L. de la Boutetière, en 1488, et celui de l'arrière-ban du Poitou convoqué à Mortaigne le 17 juillet 1489, l'un et l'autre tirés des archives du château de Saint-Loup.

Pour terminer enfin cette nomenclature, nous signalerons que l'*Ordre de Bataille de la Noblesse du Bas-Poitou convoquée par le Maréchal de Senecterre le 14 juin 1758* et le *Rolle du Ban du Haut-Poitou tenu et convoqué sous le Règne de Louis XV le 15 juin 1758* ont été imprimés en 1758, le premier à Fontenay, le second à Saintes et Saint-Jean-d'Angély.

Mais c'est la première fois qu'un rôle du ban et de l'arrière-ban trouve place dans un volume de la Société des Archives historiques, et celui que nous présentons aujourd'hui, intitulé simplement *La monstre des nobles et non nobles tenans noblement du ressort de Poictiers*, provient d'une pièce en papier appartenant à la Société à laquelle elle a été donnée vers 1872 par M. H. Beauchet-Filleau. Daté du 6 janvier 1477, lendemain même du jour où Charles le Téméraire, duc de Bourgogne, succombait devant Nancy [2], il est plutôt une minute non signée qu'une copie, en raison des ratures multiples qu'il présente et du soin extrême que l'on y a apporté à faire ressortir l'effectif. Cette montre comprend en effet : 21 hommes d'armes, 181 archers [3], 87 arbalétriers, 2 lancegaies et 9 vougiers. Comme dans ce nombre figurent 48 archers, 7 arbalétriers et 5 vougiers de la ville de Poitiers, il est à remarquer que tous les habitants de Poitiers avaient été exemptés du

---

1. Poitiers, 1876.

2. Voy. la lettre de Louis XI, du 12 janvier 1477, annonçant aux habitants de Poitiers la mort du duc de Bourgogne. (Arch. municipales de Poitiers, Reg. 7, p. 287, publiée par M. B. Ledain, *Arch. hist. du Poitou*, t. I, p. 182.)

3. Par une erreur de calcul, le scribe a porté, à l'effectif total inscrit au verso de la pièce, 172 archers et 88 arbalétriers.

ban et de l'arrière-ban par lettres patentes du 15 novembre
1467 [1], tandis que les efforts de Jacques de Beaumont tendaient à
les y assujettir [2], dans les nombreuses occasions que firent naître
les convocations de l'arrière-ban, si fréquentes durant le règne
de Louis XI.

L'homme d'armes, souvent chevalier, toujours cavalier, était
recouvert de l'armure complète, haubert sur le gamboison et
cuirasse, hausse-col, brassarts et épaulières, tassettes, cuissarts
et grèves, la saye sur le tout et le heaume en tête. Ses armes offen-
sives étaient l'épée, la hache d'armes et enfin la lance de quatorze pieds, arme essentielle du gendarme et interdite au non-
noble. En lui était incarnée la féodalité tout entière.

Malgré l'impossibilité de généraliser, on peut admettre que le
plus souvent les archers étaient montés et les arbalétriers à pied.
A partir de 1450, les archers à cheval étaient revêtus de la salade,
de la brigandine (pourpoint de peau lamé d'acier), de cuissarts avec
genouillères, grèves et solerets [3]. Les arbalétriers, eux, portaient
aux xive et xve siècles la brigandine également, le pavois sur le
dos, la longue épée et sur la tête le chapel de fer [4]. Mais, de même
qu'il y avait des archers à pied, il y avait aussi des arbalétriers
montés, ainsi qu'on le voit dans le compte d'Aubéry d'Angerville,
sénéchal de Rouergue, en 1324 [5]. A ce sujet, le P. Daniel dit qu'il
est faux que tous les arbalétriers n'aient été que de l'infanterie
et que Philippe de Commynes fait plusieurs fois mention d'arbalétriers à cheval [6]. Dans la montre qui nous occupe et où l'expres-
sion de brigandiniers est employée une fois pour désigner des
archers, nous pouvons constater que, si parmi les nobles des
ressorts de Poitiers et Lusignan la proportion des archers est
plus du double de celle des arbalétriers, le nombre de ces derniers est presque cinq fois plus considérable que celui des archers
parmi les roturiers envoyés à l'arrière-ban.

Les lancegaies n'avaient évidemment à leur disposition qu'une
javeline ou un bâton ferré à un bout [7] : armement rudimentaire

---

1. Arch. municipales de Poitiers, A. 27.
2. *Arch. hist. du Poitou*, t. XXXVIII. p. 315, n.
3. Viollet-le-Duc, *Dictionnaire du mobilier français*, t. V, p. 51-52.
4. *Id.*, p. 26.
5. M. de la Roque, *Traité du ban et arrière-ban*, p. 39.
6. Le P. Daniel, *Histoire de la milice françoise*, 1728, t. Ier, p. 194.
7. Frédéric Godefroy, *Dictionnaire de l'ancienne langue française*,
t. IV, p. 708-709.

réservé sans doute aux plus pauvres, donc quelque peu délaissé. Nous n'en rencontrons que deux sur un effectif total de 300 combattants.

Un peu plus nombreux apparaissent les vougiers, piétons armés, ainsi que leur nom l'indique, de la vouge, couteau emmanché d'un long bâton ou épieu garni d'un ferlong et pointu[1]. C'était une arme rustique, mais terrible, qui disparut lorsque, à la fin du règne de Louis XI, les mercenaires suisses et les lansquenets eurent introduit en France l'usage de la pique.

· Du reste le moyen âge était alors fini. L'institution du ban et de l'arrière-ban lui survécut et dura autant que l'ancien régime, mais pour perdre de jour en jour de son importance, au fur et à mesure que l'armée royale, devenue permanente, la rendait inutile et faisait mieux ressortir les inconvénients de cette milice féodale, à savoir l'indiscipline et l'absence d'esprit militaire.

DE MASCUREAU.

---

1. Cf. P. Daniel, *op. cit.*, t. I, p. 241. Viollet-le-Duc, *op. cit.*, t. VI, p. 357, *Traité du ban et arrière-ban*, p. 13 et p. 113, n.

La monstre des nobles et non nobles tenans noblement du ressort de Poictiers receue audit lieu de Poictiers le sixesme jour de jānvier l'an mil cccc soixante-dix-sept par nous Jehan de Lezay, chevalier, seigneur du Maroys, et Guy Frotier, aussi chevalier, seigneur de Chambonneau, commissaires en ceste partie de très noble et puissant seigneur monseigneur de Bressuyre[1], conseiller et chambellan du Roy nostre sire, cappitayne général des nobles des pays et comtés de Poictou, Xaintonge, Engoulmoys et Peregort, et commissaire d'icelluy sire pour recevoir les monstres desdits pays.

Et premièrement les hommes d'armes dudit ressort de Poictiers et aussi ceulx de Luzignen.

Ythier Dyteuil, homme d'armes de chastellenie de Cyvray.

Huguet Braguer pour maistre Guillaume Dubec, homme d'armes, et deux archiers qui sont Jehan Ducouvert et Jehan Coutin.

Jehan Jousseaume, pour Jacques, son père, homme d'armes de la chastellenie de Saint-Maixent.

Pierre Duplessis pour Geoffroy, son père, homme d'armes de la chastellenie de Pruilly.

Loys Desfrans, tant pour luy que pour sa belle-mère, homme d'armes de la vicomté de Chastellerault.

Lyonnet Chevalier, homme d'armes de la chastellenie de Saint-Maixent.

Mathurin de Besdon, homme d'armes de la vicomté de Chastellerault.

Mathurin Repousson, pour Aymery, son père, homme d'armes de la chastellenie de Cyvray.

---

1. Jacques de Beaumont, sgr de Bressuire, sénéchal de Poitou en 1488. (*Arch. hist. du Poitou*, t. XXXVIII, p. 316.)

Messire Jehan de Chourses, chevalier, seigneur de Malicorne, homme d'armes.

André de Chourses, seigneur d'Aubigné, homme
d'armes.

Pierre Ruart, pour Jehan, son père, homme d'armes de
la chastellenie de Montereul-Bonin.

Lyonnet Taveau, pour messire Geoffroy Taveau, chevalier, son père, homme d'armes.

Messire Jacques Vernon, chevalier, seigneur de Montereul-Bonin, homme d'armes.

Alain Janvre, homme d'armes, chastellenie de Saint-
Maixent.

Loys Rousseau, homme d'armes de la chastellenie du
Boispouvreau.

Ythier Jousserant, homme d'armes de la chastellenie de
Civray.

Jehan David, seigneur de Lesteuil, homme d'armes de
la chastellenie de Saint-Maixent.

Jehan de Montloys, homme d'armes de la chastellenie
de Civray.

Pierre de la Roche, pour messire André de la Roche,
chevalier, son père, de la chastellenie de Lezay, homme
d'armes.

Loys Rescaut, pour messire Jacques Rayraut, chevalier,
seigneur de la Claye, homme d'armes.

Helyes de Chabanays, homme d'armes de la chastellenie de Civray.

Les archiers, arbalestiers et voulgiers desdits ressorts de
Poictiers et de Luzignen.

Guillaume Leguay, de la chastellenie de Poictiers, s'est
comparu et pour sa pouvreté, percucion et impotence
qu'il a heu au service du Roy, l'en avons envoyé pour ceste
foiz sans riens luy enjoindre.

Symon de Beauvollier pour Geoffroy Marteau, arbalestier de la chastellenie de Chastellerault, s'est présenté et l'avons receu parceque ledit Marteau est mallade.

Galays Gourjaud, archier de la chastellenie de Saint-Maixent.

Jehan de Clervaulx, archier de la chastellenie de Saint-Maixent.

Jehan de Mesieux, archier de la chastellenie de Couhé.

Guyot Vigier, arbalestier de la chastellenie de Cyvray.

Jehan Jay, pour Briand de Rasme, arbalestier de la chastellenie de Gençay.

Jehan de la Roche, archier de la chastellenie de Saint-Maixent.

Jehan Boyn, archier de la vicomté de Chastellerault.

. Anthoine de Dusselie, pour Pierre, son père, archier de la chastellenie de Chastellerault.

Collecte Catynelle s'est présentée disant qu'elle a son filz à l'ordonnance du Roy, luy avons enjoinct d'envoyer ung arbalestier à l'arrière-ban, empêché présentement.

Jehan de Luzarche, pour luy et Françoys, son père, archier de la chastellenie de Saint-Maixent.

Thibaud Boisseau, pour luy et Thibaud Boisseau, son frère, voulgier, et a fait serment avoir tousjours ainsi servy.

Jehan Lefevre, pour Jehan Ralecte et Anthoinecte, sa mère, arbalestier de la vicomté de Chastellerault.

Jacques Bernard, archier de la chastellenie de Cyvray.

Jehan Bireau, arbalestier de la chastellenie d'Angle.

. Thomas Alyda, deux archiers de la chastellenie de Myrebeau.

Janotin Eignon, pour Guillemyne Berlande, arbalestier de la vicomté de Chastellerault.

Laurens Saugeon, pour Jehan le Roy, arbalestier de ladite vicomté de Chastellerault.

. Anthoine Gaubertière, lancegaye de la chastellenie d'Angle.

Jacques Foucault, archier de la chastellenie de Luzignen.

Briand de Saint-Martin, archier de la chastellenie de Couhé.

Jehan Vigier, arbalestier de la chastellenie de Cyvray.

Guillot Levesque, archier de la chastellenie de Luzignen.

Pierre Levesque, archier de la chastellenie de Luzignen.

Pierre Roche, pour Jacques Jude, arbalestier de la chastellenie de Chastelachar.

Mandé Boislesve, pour luy et Jehan, son frère, archier de la chastellenie de Luzignen.

Jehan Vigeron, archier de la chastellenie de Loudun.

Mathurin Blanchart, arbalestier de la chastellenie de Civray.

Jehan de Rechinvoisin, pour luy et son père, archier de la chastellenie de Luzignen.

Anthoine de Rechinvoisin, pour luy et son père, archier de la chastellenie de Luzignen.

Pierre Saumureau, archier de la chastellenie de Montereul-Bonin.

Phillipot Sapinault, archier de la chastellenie de Cyvray.

Robert Roy, archier de la chastellenie de Chastellerault.

Mery de Mons, pour luy et Alix de la Selle, demourant ensemble, arbalestier de la vicomté de Chastellerault.

Estienne Brun, archier de la chastellenie de Luzignen.

Jehan Aubaneau, archier de la chastellenie de Cyvray.

Jehan Chaumont, arbalestier de la chastellenie de Civray.

Regnault de Saint-Laurens, pour Pierre Aubaneau, son beau-père, archier de la chastellenie de Cyvray.

Joachin Vasselot a présenté Guilmin Paufou, archier de la chastellenie de Saint-Maixent.

Huguet Naudin, archier de la chastellenie de Luzignen.

Jehan Belet, archier de la chastellenie de Vyvonne.

Anthoine Jarry, voulgier de la chastellenie d'Angle.

Laurens Labbes, pour Mathurin Labbes, son père, arbalestier de la chastellenie de Cyvray.

Pierre Tizon, arbalestier de la chastellenie de Cyvray.

Guischart d'Appelvoisin, archier de la chastellenie de Gençay.

Jehan Barengier, archier de la vicomté de Chastellerault.

Mathurin Fretart, arbalestier.

Anthoine Rivau, archier de la chastellenie de Chastelachair.

Jehan de Couhé, pour luy et pour Jehan Gaultier, archier de la vicomté de Chastellerault.

Colin Dumaignou, arbalestier de la chastellenie de Cyvray.

Jehan Berland, arbalestier de la chastellenie d'Angle.

Jehan Normant, arbalestier de la chastellenie de Montereul-Bonin.

Guilmin Dupuy, pour Julyen Dupuy, archier de la chastellenie d'Angle.

Gillet Fardeau, archier de la vicomté de Chastellerault.

Guillaume de Mons, arbalestier.

. Françoys Faure, pour Beautrix Dupuy, arbalestier de la chastellenie de Cyvray.

Jehan de Cigné, archier de la vicomté de Chastellerault.

Olivier Bessac, archier de la chastellenie de Cyvray.

Jehan de Vivonne, archier de la chastellenie de Celles-Levesquau.

Bernart Meschin pour Philippes Pichier, archier de la chastellenie de Saint-Maixent.

Guyot Brun, archier de la chastellenie de Cyvray.

Jehan Pouvreau, pour luy et sa mère, archier de la chastellenie de Luzignen.

Maistre Charles de Nozay, homme d'église, fera deux archiers, et souloit fère homme d'armes, mès pourceque il dit avoir dymynué la moitié de son domayne, remis ausdits deux archiers.

Hervé de Mallevau, archier de la chastellenie de Lézignen.

Berthomé du Courret, pour Pierre, son père, arbalestier, chastellenie de Cyvray.

Raymond Magaud, arbalestier de la chastellenie de Luzignen.

Pierre Brun, archier de la chastellenie de Cyvray.

Jehan de Chaceville, arbalestier.

Mathurin Desprès, arbalestier de la chastellenie de Montereul-Bonin.

Pierre Daugy, pour Jehan Daugy, son père, de la chastellenie de Gensay, archier.

Jehan Dusable, archier de la chastellenie de Gençay.

Jehan Delet, pour Geoffroy Groleau, archier de la chastellenie et vicomté de Chastellerault.

Jehan Dubroil, archier.

Colin Dubroil, arbalestier du vicomté de Chastellerault.

Jehan Bouchier, arbalestier de la chastellenie de Poictiers.

Mery de Conys, archier de la chastellenie de Luzignen.

Jehan de Puyvert, arbalestier de la chastellenie de Cyvray.

Gauvaign du Chilleau, archier de la chastellenie de Montereul-Bonin.

Jacques de Puygirault, archier de la vicomté de Chastellerault.

Jehan Jousbert, archier de la vicomté de Chastellerault.

Jehan Vigeron, pour Jehan, son père, arbalestier de la chastellenie de Montereul-Bonin.

Biget Leprevost, archier de la chastellenie de Gençay.

Jehan Dumoulin, pour luy et Jehan Binaudon, demourant ensemble, arbalestier.

Jehan de la Roche, pour Mathurin de la Roche, son père, archier.

Micheau Giret a exoiné de maladie Constantin de Queray, arbalestier de la chastellenie de Saint-Maixent, et luy avons enjoinct d'envoyer ledit Constantin au prochain partement s'il est guéry, sinon d'y envoyer homme suffisant.

Jehan de Puylouer, archier de la chastellenie de Saint-Maixent.

. Mathurin Gane, pour Macé Gane, son père, archier de la vicomté de Chastellerault.

Bertrand de la Fourest, pour Mathurin Pierre, arbalestier de la chastellenie de Poictiers.

Jehan de Saint-Laurens, archier du bailliage de Champaigne.

Guyon de Quersay.

Jehan Vugnault, archier de la vicomté de Chastellerault.

Jehan de la Chapelière, archier de la chastellenie de Montereul-Bonin.

Symon Bourry, pour Guyon Bourry, son père, archier de la vicomté de Chastellerault.

André Rouillevin, pour Mery Rouillevin, son père, arbalestier de la chastellenie de Chastellerault.

Jehan Mareschal, arbalestier de la chastellenie de Montereul-Bonin.

Légier Duboys, arbalestier de la chastellenie de Mortemer.

Collas de Vincenoil, arbalestier de la chastellenie de Montereul-Bonin.

Estienne de Vaulx, arbalestier de la vicomté de Chastellerault.

Floridas Lunart, arbalestier de ladite vicomté de Chastellerault.

Tevenin Souriau, pour Gille de Chavigné qui est gouteux, arbalestier du vicomté de Chastellerault.

Françoys de Luain, arbalestier de la chastellenie de Lusignen.

Jehan Messier, arbalestier de la vicomté de Chastellerault.

Jehan des Roches, pour luy et Marye de la Courjaye, sa mère, arbalestier de la chastellenie de Poictiers.

Barthomé Landry, pour Jehan Landry, arbalestier de la chastellenie de Luzignen.

Jehan Fremary, arbalestier de la vicomté de Chastellerault.

Mery Guillotin, archier de la chastellenie de Luzignen.

Jacques de Puylouer nous a faict serment que monseigneur de Bressuyre lui a dit qu'il serviroit pour luy et ses frères, archier de la chastellenie de Saint-Maixent.

Mathurin de Conys, archier de la chastellenie de Luzignen.

Mathurin de la Ligière, arbalestier de la vicomté de Chastellerault.

Anthoine Dolinet, pour Jehan son père, archier de ladite vicomté.

Jehan Portier, pour luy et sa belle-mère, archier.

Jehan Ganes, pour luy et Gilles Huylier, archier, pource-que avons esté informé de la pouvreté dudit Ganes, Receu pour eulx deux.

Guillaume de Maigné, archier de la vicomté de Chastellerault.

Regné Marcirion, pour luy et sa mère, archier de la chastellenie de Montereul-Bonin.

Pierre Dumoustier, pour luy et sa mère, archier de la chastellenie d'Ervaux.

Jehan de Chesnes, arbalestier de la chastellenie de Luzignen.

Gilles Douay, pour luy et Collas Douay, archier de la chastellenie de Poictiers.

Gillet Gervain et Jehan Gervain, le jeune, pour Jamet Gervain, archiers de la chastellenie de Poictiers.

Ythier Dauton, pour Jacques Dauton, son père, arbalestier de la chastellenie de Cyvray.

Mathurin de Moussy, pour Bertrand de Moussy, son père, archier de la chastellenie de Cyvray.

Mathurin de la Faye, arbalestier de la vicomté de Chastellerault.

Loys Noyan, archier de la chastellenie de Chastelachar.

Thomas de Rezay, pour Anthoine de Montsorbier, veil homme, archier de la chastellenie de Gençay.

Pierre Chevaleau, archier de la chastellenie d'Angle.

Pierre Dutay, pour Ardouyn Dutay, son père, archier de la vicomté de Chastellerault.

Clemens Rousseau, archier de la chastellenie d'Angle.

Guillaume Debors, archier de la vicomté de Chastellerault.

André Vignault, archier de la chastellenie de Luzignen.

Loys du Fay, pour Marye Arembert, sa grant mère, archier de la chastellenie de Poictiers.

Geoffroy Genier, pour luy et sa mère, archier de la chastellenie de Lezignen.

Estienne Chauvin, pour Jehan Detay, veil homme de la chastellenie de... Archier de Chastel [1].

Pasquault Besliver, archier de la chastellenie de Luzignen.

Pierre Constans, archier de la chastellenie de Cyvray.

Thibaud Husseau, archier de la chastellenie de Saint-Maixent.

---

1. Cette abréviation Chastel. peut être significative soit de Chastellerault, soit de Chastelachar. Il est presque toujours fait mention dans cette montre de la vicomté et non de la chastellenie de Châtellerault, mais d'autre part une famille Chauvin possédait au xve siècle le fief de la Salle-aux-Chauvins, relevant de la vicomté de Châtellerault. (Beauchet-Filleau, *Dictionnaire des familles du Poitou*, t. II, p. 361.)

Françoys Pizon, archier de la chastellenie de Saint-Maixent.

Jehan Janvre, lancegaye de la chastellenie de Saint-Maixent.

Pierre de Saint-Aubin, archier de la chastellenie de Luzignen.

Jehan Chaigne, arbalestier de la chastellenie de Cherveux.

Jehan de Villodier, archier de la chastellenie de Luzignen.

Mathurin Julyot, archier de la chastellenie de Luzignen.

Pierre Renyer, archier de la chastellenie de Saint-Maixent.

Pierre Boislesve de Forzon, archier de la chastellenie du Boispouvreau.

Jehan Boislesve, exoiné pour ledit Pierre de maladie et enjoinct d'y envoyer homme suffisant, s'il n'est guery. Archier.

Jehan Mallet, pour Jehan de Londres, veil homme, arbalestier de la chastellenie de Gençay.

Guischart Pignonneau, pour luy et Pyetre de Tongrelou, rousturier, qui ont de coustume de fère ung archier, ainsi qu'a faict serment ledit Guischart, pour ce receuz pour ung archier et sont de chastellenie de Chauvigné.

Jehan Gerbot, archier de la chastellenie de Luzignen.

Cristin du Retail, archier de la chastellenie de Saint-Maixent.

Mathurin Rouorteau, pour Mathurin Rouorteau, son père, s'est présenté disant que sondit père est veil et aussi que ledit filz est de l'ordonnance du Roy en la compaignye de monsieur de Maigné [1], pour ce avons enjoinct à son-

---

1. Antoine de Chourses, sgr de Magné. (Voyez *Arch. hist. du Poitou*, t. XLI, p. 250.)

dit père en sa personne d'envoyer ung arbalestier à l'arrière-ban.

Maistre Jacques Furgaud s'est comparu pour Mathurine Brunecte, vefve de feu Philippon Paen de Saint-Maixent et enjoinct luy avons d'envoyer ung arbalestier suffisant, monté [1] et armé à l'arrière-ban.

Jehannin Bonnault, arbalestier de Chastellerault.

Philippes Gourjaud, pour Jehan, son père, archier de la chastellenie de Couhé.

Maistre Jacques Phillipot s'est présenté pour Marye Vasselote, sa belle-mère, et enjoinct luy avons d'envoyer ung arbalestier à l'arrière-ban. Chastellenie de Saint-Maixent.

Pierre Calays, pour luy et Jehanne Fauresse, sa mère, arbalestier de la chastellenie de Cyvray.

Jacques Poussart, voulgier de la chastellenie de Saint-Maixent.

Loys du Revenel, mineur d'an, a dit qu'il a ung frère à l'ordonnance et lui avons enjoinct, s'il n'est venu dedans le prochain partement, qu'il envoye à l'arrière-ban ung arbalestier.

Maistre Ythier Damorry s'est présenté pour Jehanne Marchenne, vefve de feu Jehan Damorry et Anthonie Paenne, vefve de feu maistre Aymar Damorry, de Chastellerault et leurs enffans, leur avons enjoinct d'envoyer ung arbalestier à l'arrière-ban.

Thomas de Vaucler, archier de la chastellenie de Luzignen.

Joachin Gervain, de la chastellenie de Mortemer, envoyé pour sa pouvreté.

Symon Claveurer, arbalestier de la chastellenie de Montereul-Bonin.

---

1. Nous rappelons ici que les arbalétriers étaient indifféremment à pied ou à cheval. (Voyez ci-dessus, p. 161.)

Jehan Paton, pour Jacques Gyboreau, archier de la chastellenie d'Ervaux.

Anthoine de la Lande, de la vicomté de Chastellerault, archier.

Jehan Levraud, de la vicomté de Chastellerault, s'est présenté disant qu'il a la charge de certains frans archiers [1] de Poictou et qu'il est prest de servir le Roy.

Jehan de la Rye, pouvre homme, servira au mieulx qu'il pourra, chastellenie de Chastellerault.

Françoys Chauvinière, de la Roche-Surion, procureur dudit lieu, s'est présenté et luy avons enjoinct d'envoyer deux archiers au prochain partement de l'arrière-ban.

Philipes de la Guessonnière, archier de la chastellenie de Couhé.

Guillaume Goupil a faict serment que la dernière monstre il fut receu par monsieur le senneschal de Poictou [2] pour archier, pour ce archier.

Symonnet de la Tousche a faict serment, comme le précédent, qu'il fut receu par monsieur le senneschal pour archier.

Constantin Thibaud, pour Jehan Thibaud, son père, archier de la chastellenie de Saint-Maixent.

Jacques Leschalle, archier de la chastellenie de Cyvray.

Philippes Rousseau, archier de la chastellenie de Montereul-Bonin.

Jehan de Montleon, pour Philippes son père, archier de la chastellenie de Poictiers.

Guischart Jousserant, archier de la chastellenie de Cyvray.

Ythier de Belabre, arbalestier de la chastellenie de Cyvray.

---

1. Les francs-archers, institués le 28 avril 1448, furent supprimés en 1480.

2. Philippe de Commynes, sénéchal de Poitou de 1476 à 1485.

Jehan Berland, arbalestier de la vicomté de Chastellerault.

Pierre Pain a présenté Colin Aymar et Françoys Daiguessay, archiers de la chastellenie de Saint-Maixent.

Ythier de Poix, archier de la chastellenie de Cyvray.

Jehan Richart, archier de la chastellenie de Vivonne.

Jehan Légier, archier de ladite chastellenie de Vivonne.

Pierre le Bourgouignon, archier de ladite chastellenie de Vivonne.

Mathurin Dupin, archier de la chastellenie de Rochemeo.

Bernart Gervain, pour luy et Jehan Garner, archier de la chastellenie de Lezay.

Ambroys Marchant, voulgier.

Guillaume de la Court, archier de la chastellenie de Montereul-Bonin.

Raoulet Jacques, arbalestier de la chastellenie de Rochemeau.

Francoys de la Garinière, archier de la chastellenie de Poictiers.

Aymar de Sanxac, archier.

Maistre Guillaume Casse, presbtre, s'est présenté et a faict déclaration qu'il tient en domayne xxx livres de rente dont il doit x livres de rente.

Jean Partenay, de la chastellenie de Saint-Maixent, ij archiers ou brigandiniers.

Jehan de Teil, archier de la chastellenie de Luzignen.

Ythier Thibaud, archier de la chastellenie de Luzignen.

Jehan Levraud, de la vicomté de Chastellerault, s'est présenté et a déclaré qu'il a charge de frans archiers et est prest de servir le Roy.

Loys de Beaumont, impotent, envoyra ung archier.

Jehan Chaperon, archier et ung archier avec luy, ij.

Les nobles qui ont esté remis devant monsieur de Bressuyre, tant parceque aucuns d'eulx ont voulu faire archiers qui avoient de coustume faire homme d'armes, que autres dont cy-après sera faicte mencion.

Phelippon de Cursay s'est présenté et pourcequ'il a voulu bailler homme pour servir pour luy, à quoy ne avons voulu recevoir. Remis devant mondit sieur de Bressuyre.

Jehan de la Chappelle, pourcequ'il dit estre des gagés de Lezignen. Remis comme dessus.

Jacques de Vieulx, pourcequ'il a voulu faire archier et qu'il a de coustume faire homme d'armes. Remis comme dessus.

Pierre Sapinault, pourcequ'il a voulu n'estre que ung archier pour luy et son frère. Remis.

Francoys Eschalart. Remis comme dessus.

Guyot d'Orfeuille, pour Charles, son père, pourcequ'il a de coustume faire homme d'armes et qu'il n'a voulu faire qu'archier. Remis.

Symon de Marconnay. Remis.

Catherine d'Ayron, de la chastellenie de Poictiers. Remise comme dessus.

Jacques Chauvin et Nycollas de Champaville ont voulu qu'estre receuz pour ung archier. Pour ce remis.

Regnault de Vivonne, de la chastellenie de Lezignen. Remis devant mondit sieur.

S'ensuivent ceulx de la ville de Poictiers qui sont tenus et ausquielx a esté enjoinct envoyer à l'arrière-ban.

La vefve feu maistre André Vernou, de Poictiers, pour elle et ses enffans, fera un arbalestier.

Guillemecte Rousselle, vefve de feu Thomas Boislesve, fera ung arbalestier.

Maistre Loys Garnier, archier.

Maistre Hugues Pasquier, archier.

Maistre Hugues Peraton, archier.

La vefve feu maistre Denys du Feurre, et maistre Jacques, son filz, ont présenté Mery Moreau, arbalestier qui servira pour eulx.

Lyenor Mourraude, vefve de maistre Morice Poussart, pour elle et ses enffans myneurs, et Jehanne d'Ayron, vefve de feu Colin Mourrault, feront ung archier.

Maistre André de Conzay a présenté Estienne Garin, archier.

Micheau Gaultier, pour luy et son père et ses frères, ung archier ou voulgier.

Laynart de Genoillac, archier.

Jehan Pasquier, pour luy et les enffans myneurs feuz maistre Jacques Chambret et de maistre André Coyquet, ıɪ archiers.

Maistre Maurice Claveurier, pour luy, sa mère et maistre Jehan Claveurier, son frère, a dit qu'il avoit de coustume faire troys archiers, mès que leurs domaynes sont dymynués de ʟx ou ɪɪɪɪ^{xx} livres de rente, pour ce l'avons receu à ıɪ archiers.

Guillaume Resty, archier.

Maistre Jehan Resty, archier.

Maistre Françoys Herbert, archier.

Maistre Nicolles Boislesve, voulger.

Maistre Rogier Roy, archier.

Maistre Savary Fromentin a présenté Jehan Bigot dit Faure, arbalestier.

Maistre Jehan Favreau, voulgier.

Maistre Jehan Bastart, archier.

Jehan d'Argy, archier.

Maistre Hugues Belere, pour luy et comme curateur de Jehan Belere, archier.

Hylairet Boislesve, pour luy et ses frères, archier.

Maistre Pierre Rouigne, l'ancien, deux archiers.

Maistre Pierre Rouigne, le jeune, archier.

Maistre Jehan Gouynet, pour luy et son père, ıɪ archiers.

Maistre Jehan Juge, archier.

Maistre Symon Blandin, archier.

Maistre Aymery Claveurer, voulger.

Achilles Jacques, archier.

André Boisier, archier.

Jehan Boisleve de la Mothe, archier.

Jehan Boislesve de la Croix, archier.

Helyes Faure, archier.

Nycollas Doyneau, archier.

Hylairet Juilly, archier.

Pierre Gervain, arbalestier.

Maistre Estienne Jamyn, archier.

Guillaume Guerin, pour luy et ses parsonniers, archier.

Pierre et André Chailles, ɪɪ archiers.

Jehan Rideau, ɪɪ archiers.

Pierre Fumé, pour luy et son frère, arbalestier.

Maistre Jehan Boislesve, l'esleu, pour luy et ses co-héritiers et les héritiers feu maistre Jehan de Genoillat, ɪɪ archiers.

André Foucault et Jamet Roguelet, I archier.

Maistre Jehan Audouyn, voulgier.

Micheau Dabert, Pierre Girault, Jehan Berner, ung archier.

Guillaume Macé, ung archier.

Hylairet Palu, archier.

Guillemyne Jacques, vefve de feu maistre Jehan Charlet, envoyra ung archier.

Maistre Loys Prevost, pour luy et ses frères, voulgier.

Hugues Prevost pour luy et Catherine Jacques, sa mère, archier.

Jehan Renart, archier.

Guillaume Micheau, arbalestier.

Ceulx de ladite ville de Poictiers qui sont remis devant mondit sieur de Bressuyre.

Margarite Avecte, vefve de feu maistre Jacques Chalot, remise devant mondit sieur.

Maistre Raoul de la Vostune [1], médecin de monsieur de Dunoys [2], tient xxv livres de rente. Remis.

Jehan Caquerreau.

Les nou nobles ausquelx a esté enjoinct envoyer à l'arrière-ban.

Loys et Jehan Marcadiers, de Chastellerault, envoyront ung arbalestier à l'arrière-ban, qui yra avec Jehan Boyn, et a déclaré ledit Loys avoir L ou LX livres de rente tant noblement que rousturièrement, et ledit Jehan ne tient rien noblement mès tient trente livres de rente rousturièrement.

Jehan Gauvaign, d'Angle, arbalestier.

Guillemot Cauche, arbalestier de Chastellerault, pour luy et Janotin Peletier.

Helayret Henrry, d'Ozon, de la vicomté de Chastellerault, archier.

Robin Maugier, de ladite vicomté, a présenté Jehan Berart, arbalestier.

Jacquet Chartier a fait dire par Jehan David qu'il tient xxv livres de rente, pour ce fera ung arbalestier de vicomté de Chastellerault.

Barthomé Guillon, arbalestier de la chastellenie de Cyvray.

Pierre Poumer et maistre Jehan Sacher, pour luy et Françoys Poictevin, son beau-père, demourant ensemble, ont dit que ledit Poumer a tousjours servy pour eulx, pour

----

1. Raoul (ou Raflard) de la Wœstine, maître ès arts et en médecine, d'origine flamande, reçut des lettres de légitimation du roi en avril 1468. On le trouve professant à Poitiers en 1474. (*Arch. hist. du Poitou*, t. XXXVIII, p. 113.)

2. Françoisd'Orléans, comte de Dunois, Longueville, sgr de Parthenay, mort en 1491.

ce les avons receus pour I archier, et sont de Saint-Maixent.

Mautain Balleron, pour luy et Bernart, son père, de Lezignen, tiennent L^{te} livres de rente noble, pour ce envoyront ung arbalestier à l'arrière-ban.

Jehan Phillipon, de Jazenoil, arbalestier et tient xv livres de rente noblement et xv rousturièrement.

Mathurin Peletier de Vivonne, arbalestier.

Archambault Sicart a déclaré tenir lx livres de rente. Enjoinct de faire ung arbalestier.

Briand Sidayne, de Lezignen, arbalestier.

Jehan Bareau, de Lavauceau, tient c sols de rente noblement et xvi livres rousturièrement et est puissant en meuble, pour ce fera ung arbalestier.

Anthoine Dupays, dit Moreau, a présenté Guillaume Audin, arbalestier de la chastellenie de Vivonne.

Guillaume et Pierre Rondeaux, de Gençay, feront ung arbalestier.

Pierre Boueresse tient x livres de rente rousturièrement et Jehanne Galaise, sa tante, tient xxv livres de rente. Appoincté que tous deux feront ung arbalestier.

Pierre Finault, de Lussac, tient de xxv à xxx livres de rente tant noblement que rousturièrement, pour ce fera ung arbalestier.

Margarite des Mons, de Chastellerault, fera ung arbalestier.

Maistre Jehan des Mons, sirurgien de monsieur de Callabre [1], tient xv livres de rente rousturièrement, yra à l'arrière-ban avec mondit sieur de Bressuyre.

Perryne Laurende, de Chastellerault, tient c livres de

---

1. Nicolas d'Anjou, duc de Calabre et de Lorraine, mort en 1473. Son ancien chirurgien, M⁰ Jehan des Mons, ne figure pas ici comme combattant et n'est pas compris dans l'effectif. En donnant à penser qu'il allait à l'arrière-ban pour y exercer son art, cela ouvre un aperçu sur la chirurgie militaire antérieurement à Ambroise Paré.

rente, tant noblement que rousturièrement, pour ce envoyra ung arbalestier.

Françoys Baudin tient en fié noble xii livres de rente et lx rousturièrement, envoyra à l'arrière-ban ung archier.

Pierre Faver et Jehan Balagnon, son serorge, ont de xx à xxv livres de rente en fié noble, enjoinct d'envoyer à l'arrière-ban ung arbalestier. Chastellenie de Cyvray.

Maistre Alixendre Arnault et Françoys Touschart, son gendre, demourant ensemble, envoyront ung archier. Chastellerie de Cyvray.

Les Rousturiers qui sont remis devant mondit sieur de Bressuyre pour leur ordonner en quel habillement ilz serviront.

Jehan Coulaud, de Sauzé, s'est comparu pour luy et Pierre Coulaud, son frère, et pour Jehan Chiron, leur nepveu, et a déclaré qu'il tient xv livres de rente noblement et c sols rousturièrement.

Maistre Jehan Chabot, de Luzignen, tient xv livres de rente noblement et c sols rousturirement.

Pierre Boutet, de Lezignen, tient xv livres de rente noblement et xi rousturièrement.

Maistre Pierre Caillet tient xxx livres de rente noblement.

Guillaume Sermenton, de Sauzé, tient, et sa seur ensemble, xii livres de rente noblement et c sols rousturièrement.

Maistre Guillaume Chauvin.

Collas de la Court.

Maistre Barthomé Vernou, de Saint-Maixent.

Mathurin Lamberton, de Celles-Levesquau.

Jehan de la Fontenne, de la chastellenie de Cyvray.

VII

Acte de fondation du collège des Moreaux ou testament de Louis Moreau, procureur, et de Antoinette Guillemère, sa femme, en date, à
Poitiers, du 20 mai 1502 ; confirmation et codicille du dernier jour de
mai 1507. Deux vidimus, l'un de 4 septembre 1594, signé Morineau
et Berthet, notaires, copié par M. Arthur Labbé, l'autre du 16 avril
1610, signé Roy et Rousseau, notaires, transcrit et communiqué par
M. Ch. Guéritault, ingénieur des arts et manufactures à Paris, ont
servi à établir le texte de ce document [1].

1502, 20 mai, et 1507, 31 mai.

Au nom de la benoiste, saincte et glorieuse Trinité du
Père, du Fils et du benoist Sainct-Esprit, Amen. Nous
Louis Moreau, procureur et praticien en cour laye, et
Anthoinnette Guillemère, ensembles conjoinctz par mariage et demeurantz en la ville de Poictiers, sains en corps,
pencées et entendemantz, considérant qu'il n'est chose plus
certaine que la mort ne incertaine que l'heure d'icelle,
non voullant décedder de ce monde intestatz, faisons et
ordonnons par ces présentes noz testamentz et ordonnance
de noz dernières vollontez ainsy et par la forme et manière qui s'ensuyt, protestation touttesfoys que n'entendons aulcunes chose ordonner contre la vollonté du Créateur et que sy aulcunes de noz ordonnance sont contre son
honneur et vollonté que ne l'entendons en le priant et
requérant que lesdictes ordonnances qui seroient des
conditions susdytes n'ayent durée ne effect, et en outre
protestons que nous voullons vivre et mourir en la saincte
foy catholicque de nostre seigneur Jésus-Christ, et que
croyons et entendons tousjours croyre tout ce que Saincte
Eglize croit affin que sy par oppression de malladie, foi-
blesse d'entendement, induction ou desduction de l'enne-

---

1. Le vidimus du 16 avril 1610 a été fait à la requête d'un petit-fils
de René Blactot et de Marye Moreau, Blactot de la Gasnerie, assesseur
en la maréchaussée de Thouars, ascendant de M. Ch. Guéritault, pos-
sesseur du document E. G.

my de l'humaine nallure ou autrement tombions de dict
faict ou pencée en quelque erreur qui soict contre la foy
qu'il ne nous préjudicie, mais quand à ce voullons tousjours avoir recours à ceste présente protestation par escript
faicte en noz bons sens et entendemantz que de rayson ne
peult et ne doibt varier ; ce faict nous recommandons
nostre âme à Dieu nostre benoist Créateur, et à sa benoiste
glorieuse Mère et à toutte la noble Cour de paradis, et
eslisons nostre sépulture en cas que yrons de vie à trépas
en ceste ville de Poictiers, au bout du cymettiere des
pauvres de l'hostel-Dieu nostre-dame estant enclos on
cymetiere nostre-dame-la-petitte et on coing dudict cymettiere devers la mayson feu Mc Pierre Viault et on bout qui
faict le coing de lad. mayson et près dudict coing, sur
nosquelles sépultures sera mis une tumbe avecques une
croys le tout de pierre affin que ceux qui la verront soient
anclins prier Dieu pour les trépassé, et sy déceddons hors
lad. ville on cymettiere de l'églize parochialle où déced-
drons.

Item voullons et ordonnons que chaicun colléges des
mandians de ceste dicte ville se trouve ou non à nostre
anterraige et de chaicun de nous soict donné pour et affin
qu'ilz prient Dieu pour nous quinze solz payables à chaicun desd. colléges après le décedz d'ung chaicun de nous,
qui est tous lesd. colléges six livres tournoys.

Item défendons que à noz enterraiges n'y ayent aulcunes
torches et nous quittons l'un et l'autre de noz hérittiers
de noz services sans qu'on soict tenu en faire aucuns
parce que cognoissons et confessons ja piéça avoir faictz,
touttesfoys prions nosd. hérittiers de prier et faire prier
Dieu pour nous à leurs vollontez et du surplus nous re-
mettons à la vollonté de l'un et de l'autre.

Item voullons et ordonons que le dernier vivant de
nous jouissent sa vie durant de la mayson en laquelle nous
demeurons assize en ceste ville de Poictiers en la ruhe

du bourg marin de ladicte ville et de ses appartenance
tenant par le devant à la ruhe dud .bourg marin et par le
derriere ès treilles ou jardins de Morthemar et nostre-Dame
la petitte, une meuraille estant delad. mayson entre deux,
d'ung costé au jardin Mᵉ Françoys Prévost, enquesteur en
Poictou, une autre muraille aussy estant de ladicte maison entre deux, ensemble des lictz, linceulx, couvertes,
vaisselles d'ayrein et d'estain, chaslictz, coffres, dressouers
et autres meubles quelzconque estans et qui seront en
lad. mayson au temps du décedz dud. premier mourant
de nous deux, sof de l'or et argent scullement dont cy
apprès faisons expresse mention o telle condicyon et
convenance que lad. mayson et choses susd. en l'estat
qu'elles seront au temps du décedz dud. survivant qui ne
les pourra vendre, allienner ne transporter, mais en usera
sa vie durant seullement comme bon père de famille sans
en bailler caution aucune ne estre tenu en faire inventaire
seront applicquez apprès led. décedz dud. survivant de
nous dictz testateurs perpétuellement en usage qui s'ensuivent.

Item c'est assavoir que s'il n'y a aucuns enfans nez ou
qui naistront de Collas et Jehan Moreaux demeurant à
Crespeaux ; ou de Paziault Moreau demeurant on vil-
lage de la Josmaridière [1] parroisse de Sainte-Hillaire de
Voust, ou de Hillaire Morelle demeurant on moulain de
Gaschet parroisse de la Chappelle Tiroil, ou de feue
Jehanne Morelle en son vivant demeurant en la parroisse
de Fenioux, ou de Berthommée Morelle demeurant on
village de Poyrude parroisse de Merevant, ou de Catherine
Morelle demeurant on village de la Roubertière parroisse
de St Morice des Nouhes, tous frères et sœurs dudict Louis
Moreau testateur ou des leurs en loyal mariages qui se
veullent appliquer à l'estude et acquérir science en ceste

---

1. Jaumarière dans le vidimus de 1610.

ville de Poictiers et réallement et de faict estudiant et estre exerçant on faict de ladicte estude comme bons escolliers doibvent fayre, et en ce cas ung de chaicun desd. branchage puisse en lad. mayson au faict de ladicte estude l'espace de huict ans et au desoubs, et apprès lesdictz huict ans finiz seront tenuz vidder lad. mayson à autres qui seront descenduz desdicts branchaiges qui vouldront estudier comme dict est.

Item voullons et ordonnons que tant qu'en chacun desdictz branchages y aura aulcun qui se voudra applicquer au faict de ladicte estude qu'il soict prefféré à tous autres, mais sy en aucun desdictz branchages n'en y avoict aulcun et en autres y en eust pleusieurs ilz y seront mis jusques au nombre de six, et ceux qui auront esté mis n'en pouront estre ostez jusqu'à ce qu'il y en aye èsdictz branchaiges qui veullent remplir ledit nombre de six, onquel cas celluy qui aura esté le dernier mis d'ung branchage quand il y en aura plusieurs d'icelluy branchaige sera osté apprès troys ans finiz et non paravant et en son lieu sera mis celluy dud. branchage qui de nouveau se vouldra applicquer au faict de ladicte estude et y pourra demeurer led. temps de huict ans en faisant ce que dict est dessus.

Item et sy en tous lesdictz branchaiges s'en trouvoict quatre seullement on ne les pourra multiplier d'autres qui ne soient desdictz branchage, mais où ledict nombre de quatre ne se trouveroict èsdictz branchages on y mettra d'autres jusques aud. nombre de quatre qui en demeuront et pourront demeurer en faisant ce que dict est et pour le temps susdict sinon que pendant ledict temps aulcuns sourvinssent desdictz branchages qui voulleussent remplir ledict nombre de six, onquels cas apprès ledict nombre remply s'il y en avoict encores desdictz branchages à pourvoir lesdictz estrangers après troys ans finiz seront tenuz leur cedder lieu et non auparavant s'il ne leur plaist.

Item et sy d'aulcuns desdictz branchages en y avoict plusieurs qui se voulleussent applicquer au faict de ladicte estude comme dessus et des autres branchages sera en la faculté au gouverneur desdictes maysons et choses susdicte dont cy apprès sera faict mention de prendre desdictz branchaiges ceux qu'il vairra estre à faire, mais sera tenu led. gouverneur en prendre ung de chaicun desdictz branchages quand il en y aura et les plus antiens de ceux desdictz branchage et n'y en poura on mettre outre six comme dict est.

Item voullons et ordonnons que ledict Collas Moreau soict gouverneur de ladicte mayson et choses susdictes et apprès son décedz son fils Jehan Moreau et les siens masles descendent de luy et de mariage ou qui les représente masles, et en deffault d'iceux à Pasiault Moreau et apprès son décedz aux siens masles et en deffault d'iceux à ceux qui par droict successif seront seigneurs desdictz hostelz de Crespeau, de la Josmaridière, de Gaschet et de la Che-betière, Poirure, la Robertière, et èsquelz de rayson la garde des lettres desd. hostelz appartiendra, et o telle condition qu'il n'en y aura tousjours que ung gouverneur auquel ledict gouvernement appartiendra qui sera le plus antien sellon l'ordre susdict et non plusieurs car ondict gouvernement les aisnez proceddront les puisnez.

Item voullons et ordonnons que nul ne puissent entrer en ladicte mayson sans le congé dudict gouverneur et sans avoir lettres ou ceddulle de luy aussy sans premier avoir baillé lettre ou ceddulle aud. gouverneur signées lesdictes ceddulles des mains desd. gouverneur et escolliers susdictz ou de nottaires à leurs requeste, laquelle ceddulle quo lcd. gouverneur baillera à chaicun desdictz escolliers sera en effaict et substance telle : « Je Collas Moreau, gouverneur de la mayson qui fut à feu Louys Moreau et Anthoinnette Guillemere sa famme, sittué en la ville de Poictiers, ay permis et permetz à tel et tel demeurer en ladicte mayson tant qu'il estudira en la ville de Poictiers et pour le faict de son estude jusques à huict ans moyenant qu'il sera et vivra durant led. temps sellon que les dessusdictz Moreau et Guillemere par leurs testamentz l'ont ordonné, ne sera jureur ne blasfemeur du nom de Dieu, sa benoiste Mère ne de ses Sainctz, joueur ne hazardeur de detz, cartes ne autres jeux prohibez ne deffanduz, ne tiendra ne menera en ladicte mayson fammes dissollues, vivra en icelle doulcement et passifcquement comme bon et vray escollier doibt faire et obéira au princypal de lad. mayson, sortira d'icelle son temps finy, fera les prières et oraisons ordonnée par lesdictz testateurs et en tout et par tout fera comme lesditz testateurs l'entendent et l'ont ordonné, en tesmoings de ce j'ay signez ces présentes de ma mayn ou faict signer à ma requeste du nottaire sy dessoubz escript et icelle baillée à tel jour et... »

Item voullons et ordonnons que la lettre ou ceddule que ceux qui entreront en lad. mayson bailleront au gouverneur, soit telle en effect et substance : « Je tel connoys et confesse avoir promis et promectz par ces présentes à tel gouverneur de la mayson qui fut à feu Me Louys Moreau et Anthoinnette Guillemère sa famme syze en la ville de Poictiers que ne serey jureur ne blasphemeur du non de Dieu, sa benoiste mère ne de ses Sainctz, joueur ne hazardeur de detz, cartes ne autres jeux prohibez, ne menerey ne tiendray en lad. mayson fammes dissolues ne diffammées, obeyrey au princypal d'icelles et vivray en ladicte mayson comme bon escollier doulcement pascyficquement sans troubler ne empescher les autres au faict de leur estude, ferey les prières et oraysons ordonnées et en tout et par tout que lesdictz Moreau et Guillemère l'ont ordonné par leur testament, m'en irey et vidray ladicte mayson le temps de huict ans acomply ou plustost, et là où ferey le contrayre des choses susdicte conssens estre mys hors ladicte mayson et renonce à tout le proffict que je puis avoir dudict testa-

ment et des choses susdictes, me soubzmectz à croyre à
ceulx de lad. mayson et tous autres, en tesmoings de
ce j'ay signé de ma mayn ou faict signer à ma requeste
du nottaire cy dessoubz escript les présentes et icelle baillée à tel gouverneur de lad. mayson tel jour. »

Item voullons et ordonnons que les ditz escoliers soient
de conditions susdittes, ou autrement qu'ils soient mis
hors ladite maison et privez de tout le proffit qu'ils peuvent
avoir de nostredit testament.

Item voullons et ordonnons que ledict gouverneur soict
tenu bailler et louer ladicte mayson à quelque homme de
bien maryé à prix raysonnable pour uzer du surplus de
ladicte mayson, lesdictz escolliers logez, comme bon père
de famille, lesquelz escolliers seront logez en deux chambres basses de la dicte mayson en la plus grande desquelles
tiendront deux lictz et auront du demourant dud. logis tant
qu'il leur debvra suffire et que raysonnable sera avoir à
bons escolliers et l'ordonnance dudict gouverneur, et ne
tiendront lesdictz hostes ne escolliers lavoir de verres, de
mains, d'escuelles ne autres ès chambres haultes de ladicte
mayson, ne eaux fors que pour boyre seullement, et ne pourront les dessudictz rompre ne afficher ne aulcunes choses
desmollir en ladicte mayson ne innover en icelle sans
l'ordonnance dudict gouverneur et son congé, permicyon
et licence.

Item voullons et ordonnons que celluy qui tiendra à
louage ladicte mayson soict logé dans la chambre sur l'estable et tenu respondre desdictz meubles qui luy seront
baillez par inventaire en icelle et aussy desdictz escolliers
et denuncer audict gouverneur et princypal sy aucuns
vivent en ladicte mayson aultrement que à poinct pour y
estre incontinent pourveu, et y pourra tenir autres escolliers bien moriginez et non aultres à prix de louages de la
permicyon dud. gouverneur et jusques à tel nombre qu'il
advisera.

Item voullons et ordonnons que tous ceux de lad. mayson et aultres soint creuz en tesmoignage de la vie desdictz escolliers quand il en sera question et que les mauvays soient incontinent mis hors de la compagnye des aultres.

Item voullons et ordonnons que celluy qui tiendra ladicte mayson à louage aye auctoritté et puissance sur lesd. escolliers que ung bon hoste de ladicte ville de Poictiers peult et doibt avoir sur les siens et qu'il puissent visiter leurs chambres et estudes quand bon luy semblera et aura les clefz de ladicte mayson et non autres et icelle fera tenir close tantost apprès soleil couché ou plus tard volée d'assée et ouvrira à semblable heure et cy à ladicte heure lesdictz escolliers ne sont randuz ne sera plus tenu leur ouvrir la porte sy bon ne luy semble sinon qu'il y eust cauze raysonable dont il luy fissent prontement apparroyr, et sy lesdictz escolliers eschellent ou passent par desseus les murailles de ladicte mayson qu'ilz soyent mis hors et pour obvier à inconvénient enjoignons que la porte près la cyterne soict murée et condempnée et qu'il ne demeure que la porte dessus le jardin par laquelle tous seront tenuz entrer et issir en ladicte mayson et non par autre part.

Item voullons et ordonnons que entre lesd. escolliers y en ayent ung qui sera ordonné par led. gouverneur le princypal d'eux qui sera celluy qui semblera estre audict gouverneur le plus sage et mieux condicyonné qui de ce aura une petitte ceddulle dudict gouverneur, lequel princypal aura telle aucthoritté sur les ausltres pour les fayre bien vivre sellon l'ordonnance de nousdictz testateurs et estudier comme ung bon maistre d'escolle ou pédagogien peult et doibt avoir sur ses enfans, ordonnera les assoir et coucher lesdictz escolliers et aussy de leur estude, et audict princypal iceuxdictz escolliers seront tenuz obéir comme bons escolliers doibvent faire à leur maistre d'escolles et voires poura ledict principal uzer de discypline de verges contre le mal estudians ou délinquans, et s'il n'est assez puissant pour ce faire seront tenus les aultres luy secourir.

Item et le proffict que ledict gouverneur et princypal auront des choses susdictes sera tel : C'est assavoir que sy ledict gouverneur a deux enfans disposez à l'estude, il les pourra mettre en ladicte mayson par le temps susdict et pour ainsy ondict cas y pourra avoir sept escolliers et pourra quatre foys l'an venir en ladicte ville de Poictiers et illecq se loger en une des chambres de lad. maison, c'est assavoir en celle qui est au bout de la gallerie et soy servir des meubles d'icelle et mettra ses chevaux en l'estable et chacune desdictes foys pourra demeurer quinze jours en soy pourvoiant luy et ses chevaulx de vivres, et sera tenu par chacun an à tout le moings ledict gouverneur d'y venir une fois l'an pour visiter ladicte maison scavoir comme elle sera entretenue et s'il y fault quelques réparations et comme lesdictz escolliers vivent en icelle font ce qu'ilz doibvent faire, pour laquelle cause ledict gouverneur pourra avoir et prendre sur le louage de ladicte maison la somme de vingt solz pour sondict voiage et quand il y viendra et non aultrement sy avoir et demander les veult.

Item et ne pourra ledict gouverneur prendre aultre proffict de ladicte maison sur painne d'en charger sa conscience, mais tout autre proffict qui en viendra outre ledict logis desdictz escolliers sera tenu ledict gouverneur l'emploier à l'entretenement de ladicte maison et à faire servir lesdictz escolliers ainsy qu'il verra mieux estre affaire, et au regard dudict princypal il aura par chacun an quinze solz pour mettre en chandelle et aura préminance sur les aultres comme de se assoir le premier à table et eslira son logis et ordonnera des aultres.

Item voullons et ordonnons que aulcun ne soict mis en

ladicte maison au faict de ladicte estude qui soict malade
de maladie contagieuse ne d'aultres dont les aultres escolliers puissent estre scandalizés, et sy pendent qu'ilz seront
en ladicte maison aulcun d'eux tomboict malade de maladie contagieuze il en sera osté sy la maladie est perpétuelle
et sy elle est à temps il sera mis en une aultre chambre
à part des aultres.

Item voullons et ordonnons que chacun desdictz escolliers qui entreront en ladicte maison à son entrée soict
tenu fournir de quatre linceulz, quatre longières et deulx
thouailles le tout bon et compétant pour servir perpétuellement tant que lesdictes choses durreront au faict desdictz escolliers.

Item et le vin desditz escolliers sy aulcuns en ont sera
mis en la cave et le bled en grenier de ladicte maison et
leur bois ailleurs à l'ordonnance dudict gouverneur et les
chevaulx d'eux et de leurs gens receuilliz en l'estable s'il y
a lieu vacques quand ilz ariveront et non aultrement pour
deux nuictz passer tout seullement en les pourvoyant et
seront tenuz lesdictz escolliers disner et soupper tous à
une heure et à une table et ne sera l'on tenu leur faire
plusieurs services mais à une heure seullement et tous
ensemble s'ilz se peuvent acorder sinon ainsy qu'ilz verront estre affaire comme dict est, et ne se deroberont boys,
chandelles, vin ne aultre choses quelconque, et ne feront
aulcune viscositez en ladicte maison ne agastz on vergier
d'icelle, se gouverneront honestement sur painne d'en
estre mis hors, et de ce lesdictz princypal et gouverneur
oüys les tesmoings sur ce seront jugés.

Item et lesquelles maisons, sesdictes appartenance et
meubles susdictz ensemble tous et chaicuns les acquestz
que nous dictz testateurs ferons hors les chastellenies de
Fontenay, Vouvant et Mervant, avons donné et donnons
ausdictz escolliers pour en jouir et uzer apprès lesdictz
décedz dud. survivant de nous qui en jouira sa vie durant

ainsy que dict est et lesdictz escolliers apprès son décedz
perpétuellement tant qu'ilz seront au faict de ladicte estude tant pour led. logis que pour l'entretenement de
ladicte maison et ustancilles d'icelles que pour leur service, ainsy que par ledict gouverneur sera advisé et à faire
et laisser jouir et user perpétuellement, plainement et paisiblement lesdictz escolliers desdictes choses, lesquelles
nous dictz testateurs avons voulleu ordonner, voullons et
ordonnons perpétuellement estre aplicquée à service
d'escolliers, nousdictz testateurs icelles choses avons
obligé et hipotecqué, obligons et hipotecquons ausdictz
escolliers qui perpétuellement seront tenuz tant et sy avant
que l'on peult faire en tel cas.

Item et lesquelz escolliers pour rétribution de ce seront
tenuz dire par chaicun jour à genoulz les mains joinctes
pour nous dictz testateurs et noz parens et amis qui sont
et seront en remembrence de la benoiste saincte passion
de nostre Seigneur Jésus-Christ et des cincq playes de ses
costez, piedz et maings cincq patenostre et cincq ave Maria,
et sy messieurs les lieutenant, procureur du roy et maire
bourgois et eschevins de ceste ville de Poictiers visitent
ou font visiter par chacun an ladicte maison et escolliers
estantz en icelle pour scavoir s'ilz vivent bien en ladicte
maison et nosdictes ordonnances y sont bien gardées et les
choses susdictes bien conduittes à l'honneur de Dieu, lesdictz escolliers seront tenuz en outre dire par chacun jour
pour iceulx affin que finallement ilz ayent paradis à genoulx·
et joinctes mains comme dessus trois paster noster et trois
ave Maria en l'honneur des troys princypalles joyes que la
benoiste Vierge Marie mère de nostre Seigneur Jésus-
Christ eut en son incarnation et conception, et sy aultres
prières lesdictz escolliers font nous dictz testateurs leurs
en serons tousjours plus tenuz et obligez.

Item et quand est de l'or ou argent qui au temps du
décedz du premier déceddé de nous dictz testateurs se-

roict en ladicte maison et aultres meubles estant au dehors
d'icelle ensemble et noz aultres biens nousdictz testateurs
en ordonnons ainsy qu'il s'ensuyt : C'est assavoyr que je
dict Moreau testateur susdict donne et lègue à chacune des
filles qui sont à marier desd. Pasiault et Catherin Morelle
à chacune d'elles dix livres tournoys sy paravant que je dé-
cedde ne leur ay baillé lesdictes sommes, plus ung jeunne
enfant nommé Pierre qui par cy devant a tousjours demeuré avecq moy la somme de trante livres tournoys à estre prinse lesdictes sommes sur mon seol de Beauvoir et
non ailleurs et sans que on puisse contraindre madicte espouze à prendre lesdictz deniers ailleurs ou à les paier
d'aultres deniers que de ceulx qui y compestront dudict
sol et sy et quand il en sera vendu et non plustost, plus
veulx que ledict Pierre s'il se veult applicquer au faict de
l'estude et se veuille gouverner comme dessus est dict des
aultres escolliers que pour ce faire il puisse demeurer en ladicte maison et chambre dessus la gallerye comme ung des-
dict aultres escolliers et vivant et faisant comme dessus l'espace de quinze ans et plus s'il est homme d'églize ou qu'il
ne se marie en vivant comme dict est dessus, plus ondict
cas et non aultrement luy donne mes livres et là où il ne
se vouldra applicquer à l'estude veulx qu'il demeurent ès
dictz escolliers. Plus donne audict Pierre mes robes sauf
que l'une d'icelles sera baillée à la chambrière qui me
servira au temps de mon décedz la meilleure apprès deux,
plus veux que tant que ledict Pierre servira madicte espouze
apprès mon décedz au temps de sa viduitté et qu'il la ser-
virra comme ung filz doibt servir sa mère qu'elle le nour-
risse comme ung bon varlet et s'il est mauvais garson et
ne la veille bien servir veulx qu'elle ne luy donne que
boire ne manger et le mette dehors. Plus donne à ung
jeunne enfant nommé Jehan Ferrant que j'ay nourry par
pitié six livres tournoys quand il sera mis hors madicte
maison pour luy ayder à le mettre à quelque mestier et

avecques ce veulx qu'il soict habillé d'une robe et d'une
jacquette de quelque bureau, de chappeau, chausses et
soulliers, et de troys chemises affin que perpétuellement
il soict tenu prier Dieu pour nous, plus donne à Pasiault
mon frère la somme de dix livres tournoys qu'il me doibt
et le demourant de tous mes aultres biens meubles je
donne à madicte espouze o ce que la moictyé de ceulx
qu'elle en aura au temps de sondict décedz demeureront
èsdictz escolliers.

Item et quand est de moy dicte Guillemère testatresse
veulx et ordonne que mes hérittiers ayent mes biens immeubles et hérittaiges antiens en tent ce présent testament
et ce en cas qu'ilz iront au contraire eux dheumant acer-
tainés d'icelluy donne à mondict mary et espoux la tierce
partie d'iceulx et apprès son décedz èsdictz escolliers.
Plus donne à mondict mary tous et chacuns mes biens
meubles et choses sensés pour meubles dont dessus n'ay
dispozé comme or et argent et autres meubles estant hors
ladicte maison on cas que iray de vie a trespassement par
avant mondict mary et espoux en baillant par mondict
espoux à mes hérittiers la somme de quarente livres tournoys, et touchant certain acquest par luy faict jusques à la
somme de trente livres et en la parroisse de Busseau onquel
j'ay la moictyé veulx que ledict acquestz soict apprès mon
décedz ès hérittiers de mondict mary.

Item et au regard de certains appointementz et contractz
faict paravant les présentes entre nousdictz testateurs,
nous voullons et ordonnons qu'ilz soient nulz et de nu
effaict et valleur et y renonçons par exprès sauf que la don-
nation faicte entre vifz mutuellement l'ung à l'autre voullons et ordonnons qu'elle demeure en sa forme et vertu en
ce qu'elle ne déroge et ne contrarie à ce présent testament,
voullons et ordonnons que en ce seullement elle soict
nulle et de nul effaict et valleur et on surplus bonne et
vallable.

Item et pour ce que par faulte de preuve nosdictes ordonnances finablement pouroient demourer inexécuttées et sans effect et aussy pour et affin que lesdictz escolliers qui seront en ladicte maison sachent comme ilz doibvent vivre et qu'ilz doibvent faire, voullons et ordonnons qu'en ladicte maison soict perpétuellement gardé ce présent testament ou ung double d'icelluy en un cahier de parchemin affin que lesdictz escolliers le voient quand bon leur semblera et que en le voyant ilz soient enclins prier Dieu pour nous dictz testateurs et à tout le moings que ledict princypal le lize une fois l'an èsdictz escolliers, lesquelz seront tenuz en faire ou faire faire ung double pendant le temps qu'ilz demoureront en ladicte maison et icelluy emporteront et garderont quand ilz s'en iront, auquel double qui sera signé de troys desdictz escolliers pour le moings pour avoir estez présentz à la collation qui en sera faicte à celluy qui sera en ladicte maison voullons estre pleigne foy perpétuellement adjoustée comme à l'original et que par vertu dudict double on puisse agir et deffeudre comme dudict vray original.

Item et affin que perpétuellement ceulx qui seront à l'advenir descenduz desdictz branchaige et de chacun d'iceulx le puissent facillement montrer, voullons et ordonnons que ledict gouverneur soict tenu bailler perpétuellement généallogies par escript signée de sa main ou d'ung nottaire à sa requeste à ceulx qui la demanderont de leursdictz branchaiges et là où il ne la scaura s'en enquera à la véritté s'il n'exedde la mémoire des hommes en luy donnant pour ce la somme de cincq solz tournoys ou le pourra l'on prendre d'ung desdictz escolliers qui aura demouré en ladicte maison ou d'ung nottaire à la requeste dudict escollier, èsquelles généalogies voullons perpétuellement plaine foy estre adjoustée quand à l'effaict de ces présentes ou se pourra faire lesdictz preuves par fammes pubicquement, ouir dire de gens anciens ou aultrement ainsy que de rayson, et lesdictes choses nous testateurs susdictz avons voulleu et ordonné voullons et ordonnons par ce présent nostre testament et icelle tenir et garder avons obligé et hipotecqué obligeons et hipotecquons par ces présentes nous noz hérittiers et successeurs et tous et chaicuns noz biens quelzconque en tesmoings de ce nous avons faict signer nostre dict présent testament à noz requestes des nottaires cy dessoubz escript, et d'abondant je dict Moreau testateur susdict à plus grand approbation l'ay signé de ma propre main le vingtiesme jour de may l'an mil cincq cens et deux. Ainsy signé : J. Cailleteau, à la requeste desdictz testateurs ; Bellonneau, à la requeste desdictz testateurs, et L. Moreau.

Item et oultre les choses susdictes avons nousdictz Moreau et Guillemere testateurs susdictz par forme d'addition à nostre dict testament et ordonnance dessusdicts voulleu et ordonné voullons et ordonnons que avecques les dessud. y aict ung maistre pour apprendre à chanter esdictz collegiez ; auquel maistre et à chaicun des aultres dessusdictz collegiez nous voullons et ordonnons estre baillé par chaicun an six septiers de mestail mesure de Poictiers, et prendront les dessusdictz ensemble et le vaslet dont cy après sera faicte mantion les febves et poix avecques vin et tous les aultres fruictz des arbres qui naistront èsdictz hérittages, aussy auront et prendront les lattages, lainnes venant et croissans du bestail desdictz hérittages, et touchant le surplus des grains qui naistront et croistront èsdictz lieux ensemble le proffict et croist dudict bestail sera conservé et gardé pour l'entretenement de ladicte maison et pour subvenir à nécessitez d'icelle quand besoing en sera, et seront tenuz les dessusdictz escolliers jusques au nombre de six pour le moings dont ledict chantre sera tousjours ung eulx trouver, estre et assister au service divin que l'on fera par chacune feste à notte en l'églize parochialle Nostre Dame la Petitte soiet dix-

manche ou aultres festes, et feront touchant lediet service
divin tout ce que par les curez de lad. églize ou leurs
vicaires leur sera commandé ou qu'ilz entendront non leur
estre par eulx prohibé, et en ce aussy touchant les lieux
dessusdictz se reigleront en tout lesdictz escolliers et
chantre au voulloir et ordonnance des curez de ladicte
églize ou de leurs vicaires, et là où il y aura aulcun deffault lesdictz curez vicaires auront et prendront sur le tout
dudict bled dessus legué par chaicun deffault demy boiceau dudict bled, et auront les dessusdictz escolliers collegiez un vallet perpétuel qui sera le premier Jehan Ferrand
s'il le veult estre qui les servira d'une somme d'eau de
fontaine par chaicun jour et se donnera garde des maisons, granges, bois, vignes et fossez desdictz testateurs
pour en faire son rapport s'il y a chause soict mal à poinct
ausdictz escolliers, et aura icelluy vallet son service et
pour son vivre et entretenir huict septiers mestail mesure
susdicte par chacun an et le huictain de bois qu'il ame-
nera par sommes à la maison et hostel desdictz escolliers
collegiez, lequel vallet sera tenu dire par chaicun jour
pour les ames desdictz testateurs au telles et semblables
oraisons que les dessusdictz escolliers collegiez, auquel
dict vaslet lesdictz collegiez seront tenuz fournir et bailler
ung cheval ou mullet qui sera prins et entretenu sur le
revenu desdictes mestairies, et aura en oultre ledict vaslet
pour sa chaussure et vesture cent solz par chaicun an en
servant ausdictz collegiez raisonnablement et se donnant
bien garde par exprès de l'entretenement des dictes mestairies seront garnies de bestail groz et menuz tantque l'on
y en pourra raysonnablement nourrir, et sera ledict office
de vaslet divisible et sy dudict vaslet y a plusieurs enfans
masles les dictz escolliers en eslisront audict office de vaslet perpétuel celluy d'entre eulx qu'ilz vouldront sans que
les aultres enfans puissent aulcunes choses ès choses susdictes avoir ou prétendre, et oultre les choses susdictes

aura et prendra led. vaslet par chaicun an pour la nour-
riture et entretenement dudict cheval ou mullet troys
chartées de foing, deux chartées de pailles et soixante
boiceaux d'advoyne, et au regard de la ferrure et entrete-
nementz des bastz, sangles et coustrectz et aultres choses
nécessaires audict cheval ou mullet se prendra sur le revenu desdictes mestairies, lequel dict cheval ou mullet
sera logé et nourry en l'hostel desdictz escolliers et sera en
proprietté et service à eux destiné, et entendent les dessusdictz que touttes lesdictes choses soient faictes et paier sy le
revenu desdicte maison et le puit porter aultrement que
chaicun desdictz collegiez et aultres dessusdictz en soient
diminué et sur le croist dudict bestail prendront les dessusdictz collegiez par chaicun an dès quatre faistes annuelles
la somme de dix livres tournoys pour avoir leur provision
de chair et pitance en laquelle somme ledict vaslet prendra
sa part scavoir est aultant que ung desdictz collegiez, en
tesmoings desquelles dictes choses nous ledict Moreau et
Guillemere testateurs susdictz avons faict signer ces présentes à nostre requeste du seing manuel du nottaire cy
soubzscript, et je dict Moreau l'en ay signé de ma main
pour plus grande confirmation le dernier jour de may
l'an mil cincq cents et sept. Ainsy signé : L. Moreau et
Girault à la requeste desdictz testateurs. Collation des
coppies cy dessus a esté faicte à l'original estant en parchemin, contenant dix huict roolles sains et entiers en es-
cripture et seings ledict original représente par Me René
Moreau, sieur de la Guedaizière en la parroisse de Sainct
Hillaire de Voust, patron et gouverneur de la fondation men-
tionnée ès susdictes coppies et lequel original est demeuré
entre les mains dud. Moreau et lequel présent vidimus a esté
faict en présence de Me Gille Tillier, advocat à Poictyers,
Jehan Aubert, sieur de Boisvert, et Nicollas Micheau, sieur
du Plesis, suivant certainne transaction ce jourd'huy faicte
entre eulx par nous nottaires et tabellions royaulx soubzsi-

gnés à Poictiers le quatreiesme jour de septembre mil cincq centz quatre vingtz quatorze.

Ainsy signé : Morineau et Brethet nottaires.

Le vidimus de 1610 porte la collation suivante :

Collation des présentes a esté faite à l'original en parchemin contenant dix huit rooles... Copies par nous nottaires cy souscripts jurez de la cour et baronye du petit chasteau et lequel original est demeuré ès mains dudit Moreau. Fait au lieu et village des Moulins Aubrit, paroisse dudit Vouest et jurisdiction de la cour, le seiziesme jour du mois davril mil six cens et dix environ midy. Signé R. Moreau avec paraphe et par Roy notaire susdit et Rousseau notaire susdit.

Je certifie à tous qu'il appartiendra que la coppie du présent testament et de l'adjouté au pied duquel est collationné dont aussi coppie pour avoir l'original en papier non timbré quy y est demouré par devers moy comme représentant layné de René Blactot et Marye Moreau, mon ayeul et ayeule.

Signé : Blactot Gasnerie.

Au dos du dernier feuillet, on lit la mention suivante ajoutée postérieurement : « Il y a à présent la maison de Poitiers vis à vis la rue du Chaudron d'or à aller aux Jésuistes [1]. Il y a une mestayrie appelée les Bruères, paroisse de Ligny, le tout affermé. »

---

1. Le collège des Moreaux, ainsi fondé dans la maison des testateurs, occupait les terrains qui forment l'angle des rues actuelles de l'Eperon et du Puygarreau ; il couvrait une superficie de cent quarante et une toises et payait au roi, à cause de sa tour de Maubergeon, 3 sols 2 deniers. Une visite de cet établissement faite à la requête de Louis Aubin, adjoint aux enquêtes au présidial de Poitiers, rédigée par Rullier, notaire, le 27 juin 1661, montre qu'à cette date l'immeuble était en fort mauvais état et les élèves étrangers à la famille des fondateurs trop peu nombreux pour assurer son entretien. Les registres de la paroisse Notre-Dame-la-Petite fournissent les noms de plusieurs régents ou principaux de ce collège.　　　　　　　　　　　E. G.

TABLE

DES NOMS DE PERSONNES ET DE LIEUX.

A

Aulnay, *ch.-l. de* c^on, *arr. ae Saint-Jean-d'Angely, Charente-Inférieure*, 153.

Aumale, *ch.-l. de* c^on, *arr. de Neufchâtel, Seine-Inférieure* ; — Jehan (comte de), 7, 47.

Aumalle, v. Aumale.

Aunay, v. Aulnay.

Autry (d') (Charlotte), 127.

Autun, *ch.-l. d'arr., Saône-et-Loire*, 127.

Auxonne, *ch.-l. de* c^on, *arr. de Dijon, Côte-d'Or*, 126.

Auzon, *rivière, départ. de la Vienne*, 33, 56.

Availle, c^on *de Vouneuil-sur-Vienne, arr. de Châtellerault, Vienne*, 62, 63, 66, 69, 74, 75.

Availles, c^ne *de Vouneuil-sur-Vienne, arr. de Châtellerault, Vienne*, 10.

Availloles (d') (Hector), 126.

Avalos (de), v. Pescaire.

Avecte (Margarite), 179.

Aymar (Colin), 175.

Ayraut (Mathieu), 102.

Ayron (d') : Catherine, 176 ; — Jehanne, 177.

B

Babin, 24 ; — Mayet, 65.

Bahuet : Denis, 24 ; — Estienne, 24 ; — Jehan, 24.

Bailleul (Jean du), 5.

Balagnon (Jehan), 181.

Balleron : Bernart, 180 ; — Mautain, 180.

Barbier (Jehan), 72.

Barbotière (la), c^ne *de Journet*, c^on *de la Trimouille, arr. de Montmorillon, Vienne*, 147.

Bardet, *cité*, 133.

Bardin (J.), 63, 66, 67.

Bardin (de) Chassaigne : (N.), 141.

Bardin du Rivault ou Durivaux : Fleurent, 141 ; — Jacques, 147, 150 ; — Léon, 147 ; — Louis, 150.

Bardonnet, *cité*, 102.

Bareau (Jehan), 180.

Barengier (Jehan), 167.

Barre (de la) (Etienne), 98.

Barriller (Jean le), 102.

Barrillet : Guillaume, 32 : — Jehan, 34 : — Jehanne, 34.

Barro, v. Guillotin (Jehan).

Bastart (Jehan), 177.

Basses-Roches (les), c^ne *et* c^on *de la Trimouille, arr. de Montmorillon, Vienne*, 122.

Bastonneau (Jehan), 68, 69.

Bauçay (Guy de), 97.

Baudin (François), 181.

Baunier (Marie), 144.

Bauny, v. Bony de Lavergne.

Bauzon (A.), 77.

Beauchamp (de) : Jehan, 98 ; — Le s^r. 158.

Beauchet-Filleau, 160, *cité*. 4, 10, 93-95, 129, 150, 159, 171.

Beauclerc (de), 116.

Beaumont, c^on *de Château-du-Loir, arr. de Saint-Calais, Sarthe*, 5.

Beaumont (de) : Jacques, 159, 161, 163 ; — Louis, 151, 154, 175.

Beauvoir, 193.

Beauvollier (Symon de), 164.

Begué (Ph.), 81.

Behart, v. Beliart.

Belabre, *ch.-l. de* c^on, *arr. du Blanc, Indre*, 133 ; — Marquis (de) ; — 150 ; — Ythier (de), 174.

Belcre : Hugues, 177 ; Jehan, 177.

Belet (Jehan), 166.

Beliart (Symon), 61, 70.

Belon (M.), 31, 32, 40, 56, 67, 72.

Bellonneau, 196.

Benaise, *rivière, départ. de la Vienne*, 114, 132.

Benac, 126 ; — Baron (de), 126.

Benaiste (Bracheline), 28.

Benassay, c^on *de Vouillé, arr. de Poitiers, Vienne*, 112.

Benenceau (A.), 71.

Benet, c^on *de Maillezais, arr. de Fontenay-le-Comte, Vendée*, 130.

Bennelz, 153.

Benoist ou Benoistz (de) (Jehan), 74.

Berart (Jehan), 179.

Berland (Jehan), 167, 173.

Bernard : Jean, 150 : — Jacques, 165.

Berner (Jehan), 178.

Berry, 11, 29, 70, 114, 118, 119, 126, 133 ; — Duc (de), 70.

Bouchart, 76.

Bouchaud (le), *cne ae Thollet*, *con de la Trimouille, arr. de Montmorillon, Vienne*, 148.

Boucher (L'), 141.

Boucherault (Estienne), 24.

Boucheron (N.), 59.

Bouchet : ou Bouchet (du), Famille, 3, 4, 7, 8, 10 ; — Ambroise, 5 ; — Blaise, 6, 76, 78, 79, 84, 85 ; — Gilles ou Gillet, 3-9, 11-13, 25, 26, 31, 32, 35, 37-43, 45, 47, 49, 54, 56, 59, 67, 71-73, 75-79, 82 ; — Guillaume, 5, 9, 76, 77 ; — Jean, 4, 5, 8, 9, 76, 77, 78 ; — Michel, 77 ; — Pierre, 8 ; — Bratheline ou Catherine, 6, 8, 77 ; — Girarde, 6, 77 ; — Isabeau, 8 ; — Jeanne, 6 ; — Louise, 8 ; — Michelette, 5.

Bouchetz (les), v. Bouchet.

Bouchier (Jehan), 168.

Boudan (Jean), 5.

Boueresse (Pierre), 180.

Bougarnier, v. Boisgarnier.

Bouralière (de la), *cité*, 159.

Bourbon (de) : Louis, 124, 129, 130 ; — Gabrielle, 124.

Bourc Nouvel, 76, 77.

Bouresse, *con de Lussac-les-Châteaux, arr. de Montmorillon, Vienne*, 46.

Bourgail (Louis), 102.

Bourg-Archambault, *con et arr. de Montmorillon, Vienne*, 115, 129.

Bourg-Marin (rue du), v. Poitiers.

Bourgogne, 125, 127 ; — Duc de, 160.

Bourgouignon (Pierre le), 175.

Bournoys (le) : v. Bornais (le).

Bourry (G.), 32 ; — Guyon, 169 ; — Symon, 169 ; — Monseigneur (de), 127.

Boutart, 70 ; — J., 56, 67.

Boutelaye (Seigneur de la), 133.

Boutet : Estienne, 56, 57 ; — Guillaume, 61, 64, 65 ; — Pierre, 181.

Boutetière (L. de la), *cité*, 160.

Boutier (Gilles), 47.

Boutin : Guillaume, 39, 72, 73 ; — Jehan, 33.

Boutine (Hilaire), 56.

Boutot (J.), 141 ; — Pierre, 135 ; — Claire, 145.

Bouyn (Guillaume), 6, 43.

Boyn (Jehan), 165, 179.

Boysbertier (de) (Jean), 102.

Bragner (Huguet), 163.

Brandière (la), *cne de Journet, con de la Trimouille, arr. de Montmorillon, Vienne*, 137, 147, 148.

Brassel (Jehanne), 62, 63.

Braudière (la), v. La Brandière.

Brèche (de) : Jean, 126, 127 ; — Louis, 126 ; — René, 127, 128.

Breslay (J.), 76.

Bressuire, *ch.-l. d'arr., Deux-Sèvres*, 163, 170, 176, 178, 180, 181.

Bressuyre, v. Bressuire.

Brethet, 199.

Bretagne, 105.

Bretholière (la) : v. Bertholière (la).

Breuil (le), *cne de Leigné-les-Bois, con de Pleumartin, arr. de Châtellerault, Vienne*, 7, 8, 47, 50, 52, 54, 55, 66.

Breuil-Champagne (le) : Sr (de), 148 ; — Mlle (de), 149.

Breuil-Mingot (le), *cne, con et arr. de Poitiers, Vienne*, 155.

Breuilh-Maingo (Le), v. Le Breuil-Mingot.

Briant (Jehan), 4, 41, 84.

Brienne, *ch.-l. de con, arr. de Bar-sur-Aube, Aube*, 10.

Brigueil-le-Chantre, *con de la Trimouille, arr. de Montmorillon, Vienne*, 116.

Briolet (Jehan de), 46.

Brion (Seigneur de), 125.

Brisay, *con de l'Ile-Bouchard, arr. de Chinon, Indre-et-Loire*, 10.

Brisay (de) : Famille, 10 ; — Aymery, 6, 10 ; — Jean, 10, 11 ; — Catherine, 11 ; — Marquis de, *cité*, 10.

Brisson (Pierre), 74, 75.

Brissot (Pierre), 102.

Brossar (de) : René, 147, 150 ; — Marguerite, 148, 150.

Broce (la), 49.

Brosse (de la) (Jacques), 126.

Brosse Saint-Hilaire (la), sieur de, 150.

Brouage, *cne de Hiers-Brouage, con et arr. de Marennes, Charente-Inférieure*, 159.

Broue (de la) (François), 96.

Brousse (la), v. Brosse (la).

Brueil (le), v. Breuil (le).

Bruères (les), *cne de Mignaloux, con de Saint-Julien-l'Ars, arr. de Poitiers, Vienne*, 199.

C

D

Dunois (comte de), 179.
Dupays (Anthoine), 180.
Dupin (Mathurin), 175.
Duplessis: Geoffroy,163 ; — Pierre,
163.
Dupuy : Guilmin, 167 ; — Julyen,
167 ; — Beautrix, 167.
Dupuyz (J.), 60.
Durefort, v. Durfort.
Durfort (de) : famille, 149 ; —
Léon-Armand, 149 ; — Philippe,
147.
Dusable (Jehan), 168.
Dusselie (de) (Antoine), 155 ; —
Pierre, 165.
Dutay : Ardouin, 171 ; — Pierre,
171.
Duterdre (Etienne), 35.
Dutertre (Colas), 25.
Dyteuil (Ytier), 163.

E

Ebaupin (l') de la Place, *cne de*
Senillé, con et arr. de Châtelle-
rault, Vienne, 65.
Ecosse, 125.
Ecu de France, v. La Trimouille.
Effez (les), *cne de Leigné-les-Bois,*
con de Pleumartin, arr. de Châ-
tellerault, Vienne, 48.
Eignon (Janotin), 165.
Eliatre, 76.
Engleterre, v. Angleterre.
Engonlmoys, v. Angoumois.
Eperon (rue de l'), v. Poitiers.
Epine (l') : seigneur de, 137 ; —
Florence de, 132, 134.
Erondière (l'), Seigneur de, 150.
Essart (l'), sr de, 136.
Ervaux, v. Airvault.
Escannelle (M.), 64.
Eschalart (Françoys), 176.
Esmenon (Raymont), 107.
Espincau (l'), seigneur de, 133.
Espinne (Bracheline), 76.
Eprinchard (Jeanne), 133.
Esrondière (l'), v. Erondière (l').
Essart (l'), sr de, 136.
Estillé (seigneur de), 10.
Estourneau (Simon), 73.
Etampes (d') (Louis), 127 ; Robert,
127.

F

Faie, v. Faye.
Faire (de la) (Claude), 148.
Fardeau (Gillet), 167.
Faure : François, 167 ; — Guil-
laume, 43 ; — Helyes, 178 ; —
Jean, 8.
Faure, v. Bigot (Jehan).
Fauresse (Jehanne), 173.
Faver (Pierre), 181.
Favereau (Jehan), 66, 107 ; — P., 72.
Favreau (Jehan), 177.
Fay (du) (Louis), 171.
Faye, *cne de Nanteuil, con de Saint-*
Maixent, arr. de Niort, Deux-
Sèvres, 96-101, 105-109, 111, 112,
151.
Faye (de) : Jehan, 107 ; — Pierre,
107.
Faye (de la) (Mathurin), 171.
Fenioux, *con de Coulonges-sur-*
l'Autize, arr. de Niort, Deux-
Sèvres, 184.
Ferrandière (la), sr de, 148, 149.
Ferrant (Jehan), 193.
Ferré (Jehan), 33.
Ferrequin (Gervaise), 5.
Ferté-Bernard (la), *ch.-l. de con,*
arr. de Mamers, Sarthe, 9,
76.
Feurre (du) : Denys, 177 ; Jacques,
177.
Fillonneau (Symon), 56.
Finault (Pierre), 180.
Flavigny, *ch.-l. de con, arr. de Se-*
mur, Côte-d'Or, 128.
Flée, *con de Château-du-Loir, arr.*
de Saint-Calais, Sarthe, 8.
Fleury, cité, 11.
Flours, *cne de Saint-Léomer, con de*
la Trimouille, arr. de Poitiers,
Vienne, 146.
Fonbeurs (Jean de), 66.
Fonssières (Pierre), 35.
Font (la), v. Trimouille (la).

G

H

Hamon (Yvonet), 102.
Harcourt : c^{on} *de Brionne*, *arr. de Bernay, Eure* ; — comtes de, 10 : — Jehan, comte de, 7, 9, 47.
Harecourt, v. Harcourt.
Havart (Jehan), 59.
Haye (la) (Hollande), 142, 143.
Haye (de la) (René), 158.
Henri III, roi de France, 100.
Henrry (Helayret), 179.
Herberde (Jehanne), 7, 31, 32.
Herbert (Françoys), 177.
Hérisson, c^{ne} *de Pougne-Hérisson,* c^{on} *de Secondigny, arr. de Parthenay, Deux-Sèvres,* 154.
Herpeur (le). v. Legrant.
Hervé (Guillaume). 69.
Hesse-Cassel (Amélie de), 142.
Horric de Beaucaire, *cité,* 143.
Hospitali (de), v. Lopital.
Hubert (Jehan), 55.
Hurault : Jacques, 127 ; — Marie, 127.
Husseau (Thibaud), 171.
Huvlier (Gilles), 170.

I

Isle-(l'), Bouchard, *ch.-l. de* c^{on}, *arr. de Chinon, Indre-et-Loire* ; — Catherine de, 148.
Isles-la-Jordenne, *arr. de Châtellerault, Vienne,* 57.
Italie, 125, 126.

J

Jacquemin, 115 ; — G., 141 ; — Georges, 135 : — Jeanne, 150.
Jacques : Achilles, 178 ; — Catherine, 178 ; — Guillemine, 178.
Jamyn (Estienne), 178.
Janele, 45.
Janvre : Alain, 164 ; — Guillaume, 98, 99, 107 ; — Jehan, 172.
Jarnac : *ch. l. de* c^{on}, *arr. de Cognac, Charente,* 153 ; — M. de, 158.
Jarry (Anthoine), 166.
Jarsant, v. Gersant.
Jaumarière (la), v. Josmaridière (la).
Jay (Jehan), 165.
Jazeneuil, c^{on} *de Lusignan, arr. de Poitiers, Vienne,* 180.
Jazenoil, v. Jazeneuil.
Jehanne, 74
Jernet, 64.
Joignac (seigneur de), 125.
Josmaridière (la), c^{ne} *de Saint-Hilaire-de-Voust,* c^{on} *de la Châtaigneraie, arr. de Fontenay-le-Comte, Vendée,* 184, 186.
Joubert : S., 30 ; — Symon, 55, 56.
Journet, c^{on} *de la Trimouille, arr. de Montmorillon, Vienne,* 116, 131, 134, 137, 144, 145-147.
Jousbert (Jehan), 168
Jousseaume : Jacques, 163 ; — Jehan, 163.
Jousserant : Guischart, 174 ; — Ythier, 164.
Jude (Jacques), 166.
Juge (Jehan), 178.
Juilly (Hylairet), 178.
Julianus, 113.
Julienne, 50.
Julyot (Mathurin), 172.
Juvenis, v. Janvre.

K

Karolus, v. Charles.

L

Labbé (A.), 182.
Labbes : Laurens, 167 ; — Mathurin, 167.
Ladée, 23.
Lage (de), 128 ; Lalanne, *cité*, 4, 6, 14-16, 22.
Lambarre (de) (Jean), 6, 77.
Lamberton (Mathurin), 181.
Lampuer (Philippe), 102,
Lande (de la) (Anthoine), 174.
Landry : Barthomé, 170 ; — Jehan, 170.
Laroche (Guillemette de), 61.
Laude, v. Lodi.
Launay (de) : Guillaume, 5 ; — Michel, 4, 5.
Laurende (Perrine), 13, 180.
Laurens : M., 38, 39, 41, 73 ; — Mery, 13 ; — P., 3, 27, 69, 71, 83.
Lavauceau ou Lavausseau, *con de Vouillé, arr. de Poitiers, Vienne*, 180.
Lebarbier (Jean), 46.
Lebault, *cité*, 14.
Leberthon (Jehan), 55-58.
Leberton (Jehan), 58.
Lecordonnier : Jehan, 55-58 ; — Petit Jehan, 58.
Lecossais, v. Lescossais.
Ledain, *cité*, 14, 160.
Ledé : Jamet, 70 ; — Jehan, 70.
Ledoulier (Symonnet), 61.
Ledoulx, 50 ; — G., 26, 58, 78 ; — J., 56 ; — M., 68 ; — P., 26.
Ledru, *cité*, 4, 7.
Lefevre (Jehan), 165.
Lefièvre : Jehan, 33 ; — Jenyn, 32.
Legayner (Guillaume), 102.
Legier : Jehan, 175 ; — Pierre, 23.
Legros, 3.
Leguay (Guillaume), 164.
Leigne, *con de Chauvigny, arr. de Montmorillon, Vienne*, 127.
Leigné (Mery), 45.
Leigné-les-Bois, *con de Pleumartin, arr. de Châtellerault, Vienne*, 7, 8, 11, 22, 27, 31, 47-56, 64, 66, 67, 69, 71.
Leisgné, v. Leigné.
Lemeusnier (Anne), 149.
Lemonayer, 105, 110.

Lencloître, *ch.-l. de con, arr. de Châtellerault, Vienne*, 58, 59.
Leprevost (Biget), 168.
Leschalle (Jacques), 174.
Lescossais : P., 28, 29, 48, 56, 61, 70 ; — Pierre, 35.
Lésigné, v. Leigné.
Lestang (de) de Ringère (Charles), 96.
Lesteuil (seigneur de), 164.
Lestore (R.), 77.
Levesque : Guillot, 166 ; — Pierre, 166.
Levraud (Jehan), 174, 175.
Levrault : Olivier, 57 ; — Louise, 127.
Lezay, *ch.-l. de con, arr. de Melle, Deux-Sèvres*, 112, 153, 164, 175.
Lezay (de) : Jehan, 163 ; — Josselin, 50.
Lezignen, v. Lusignan.
Libonière (la), v. Liborlière (la).
Liborlière (la), *cne de Pamprou, con de la Mothe-Saint-Héray, arr. de Melle, Deux-Sèvres*, 112.
Ligière (de la) (Mathurin), 170.
Liglet, *con de la Trimouille, arr. de Montmorillon, Vienne*, 116, 131, 134, 137, 142, 144-150 ; — chapelle de Sainte-Radegonde, en l'église de, 150.
Ligny, 199, v. Mignaloux.
Ligondès (du) de Genouillac (Madeleine), 150.
Liniers (sieur de), 137.
Lodi (Italie), 124, 125.
Londres (de) (Jehan), 172.
Longuemar (de), *cité*, 129.
Longueville (comte de), 179.
Lopital (de) (Jean), 102, 103.
Lorens (M.), 26.
Lorraine (duc de), 180.
Loube ou Loubbe, 114, 133 ; — Herbert, 120-123 ; — Louis, 114 ; — Perrot, 120-123 ; — Phelippes, 123.
Loudun, *ch.-l. d'arr., Vienne*, 166.
Louis IX, roi de France, 100.
Louis XI, roi de France, 6, 160-162.
Louis XII, roi de France, 127.
Louis XIII, roi de France, 116.

Louis XIV, roi de France, 143.
Luain (de) (François), 170.
Lucas : A., 52 ; — André, 52 ; — G., 28 ; — Guillaume, 54 ; — J., 27, 29, 31, 44 ; — Jehan, 54, 58, 65 ; — P., 66.
Luçay-le-Male, *con de Valençay, arr. de Châteauroux, Indre*, 118, 125.
Lucques (*Italie*), 14, 15.
Lunart (Floridas), 169.
Lusignan, *ch.-l. de con, arr. de Poitiers, Vienne*, 161, 163-168, 170-173, 175, 176, 180, 181.

Lusignan (de) (Guy), 99.
Lusignen, v. *Lusignan*.
Lussac, *ch.-l. de con, arr. de Montmorillon, Vienne*, 180.
Luxembourg (de) : Pierre, 10 ; — Isabeau ou Isabelle, 10, 11.
Luzarche (de) : François, 165 : — Jehan, 165.
Luzignen, v. Lusignan.
Lymosin : Estienne, 28 ; — Jehan, 29, 74.
Lymosine (Richarde), 58, 60.
Lymosins (rue aux), v. Châtellerault.

M

Macé (Guillaume), 178.
Macée (Jehan), 157.
Machereau, *cne de Senillé, con et arr. de Châtellerault, Vienne*, 73.
Macquain (Guillaume), 64.
Macrevent, v. Mervent.
Magaud (Raymond), 168.
Magdeleine (la), v. Bornais (le).
Magné, *con et arr. de Niort, Deux-Sèvres* ; — seigneur de, 172.
Maigné, v. Magné.
Maigne (de) (Guillaume), 170.
Maignec (Guillaume), 102.
Maillasson, 149, v. Demaillasson.
Mainbot (Guillaume), 108.
Maine, 3, 4, 6-11, 13, 33, 77, 78, 82, 84, 100, 105 ; — comte du, 4, 6, 7, 9, 10, 11, 13, 33, 78, 84 ; — comtesse du, 4, 6, 9, 82, 84.
Maisselière (la), v. Messelière (la).
Maleffre, *cne et con de Ballon, arr. du Mans, Sarthe*, 3, 5, 6, 8 ; — seigneur de, 8, 9, 76, 77.
Maleffe, Malesfe, v. Maleffre.
Malicorne : *ch.-l. de con, arr. de la Flèche, Sarthe* ; — seigneur de, 164.
Mallet (Jehan), 172.
Mallevau (de) (Hervé), 168.
Manleon (de) (Jehan ou Jehannet), 126.
Mans (le), *ch.-l. de départ., Sarthe*, 4, 9, 11, 76, 77, 106.
Manteau : Jean, 43 ; — Pierre, 43.
Marais (les), *cne et con de Lezay, arr. de Melle, Deux-Sèvres*, 112.
Marays (le), *cne, con et arr. de Châtellerault, Vienne*, 62.

Marcadier : J., 73 ; — Jehan, 179 ; — L., 26, 37, 39, 41, 47, 64 ; — Loys, 179 ; — S., 61.
Marchais (Pierre), 108.
Marchaut (Ambroys), 175.
Marche, 6.
Marchenne (Jehanne), 173.
Marcillé (de) : Michel, 5, 9 ; — Jeanne, 4 76.
Marcirion (Regné), 170.
Marcolière (la), *cne de Liglet, con de la Trimouille, arr. de Montmorillon, Vienne*, 147, 149.
Marcounay (de) : Symon, 176 ; — Marie, 148.
Maréchal (Jean), 102.
Mareschal (Jehan), 169.
Mareschalli, v. Maréchal.
Mareuil : *cne de Briqueil-le-Chantre, con de la Trimouille, arr. de Montmorillon, Vienne* ; — sieur de, 116.
Marez (le), v. Marais (les).
Mari (Pierre), 102.
Marion, 74.
Maroys (le) (seigneur de), 163.
Marquis (de) (Marie), 149.
Marquis (Guillaume), 102.
Marrochon (J.), 58, 75.
Marsillac, *con de Rouillac, arr. d'Angoulême, Charente*, 153.
Marsillé, v. Marcillé.
Marteau (Geoffroy), 165.
Martin : André, 26 ; — J., 25 ; — Jehan, 37.
Martois, *cne de Saint-Leomer, con de la Trimouille, arr. de Montmorillon, Vienne*, 146.

N

O

Ogerit (Jean), 102.
Oiron (de) : famille, 149.
Oiron (d') de Gouzon ; (Pierre), 149.
Olbreuse (d'), v. Desmier d'Olbreuse.
Oleres (les), v. Oulières (les).
Olivier, sʳ de Prez, 4, 5.
Orfeuille (d') : Charles. 176 ; — Guyot, 176.
Orléans : *ch.-l. de départ., Loiret :* — François de, 179 ; — duchesse de, 177.

Orré (Félix), 116.
Osenne (M.), 69.
Osnabruck (évêque de), 143.
Oulières (les), *cne de Mervent, con de Saint-Hilaire-des-Loges, arr. de Fontenay-le-Comte, Vendée,* 93.
Oulières (Aimeri des), 93-95.
Ozenneau : Mathelin, 69 ; — Mathurin, 52.
Ozon, *cne, con et arr. de Châtellerault, Vienne,* 179.

P

Paen (Philippon), 173.
Paenne (Anthonie), 173.
Pagani Jean, 102 ; — Thomas, 102.
Pagot (Simon), 102.
Pain (Pierre), 175.
Palu : Hylairet, 178 ; — Jehan, 107.
Paluau : J., 59, 71, 72, 75 : — S., 25.
Pamprou, *con de la Mothe-Saint-Héray, arr. de Melle, Deux-Sèvres,* 112.
Pantière (la), *cne de Leigné-les-Bois, con de Pleumartin, arr. de Châtellerault, Vienne,* 54.
Paré (Ambroise), 180.
Parea (Guillaume), 102.
Paris, 21, 81, 112, 113, 116, 125, 182 ; — église des Célestins, 125.
Parisius, v. Paris.
Parthenay (Jean), 175.
Parthenay : *ch.-l. d'arr., Deux-Sèvres,* 153 ; — seigneur de, 179.
Pasquier : Hugues, 176 ; — Jehan, 177.
Patarin (André), 42 ; — J., 34, 42, 46, 52, 53, 58, 62, 63, 64, 66, 67 ; — Jehan, 42 ; — Perrin, 42.
Paton (Jehan), 174.
Patra (Guillaume), 39.
Paufou (Guilmin), 166.
Pavie (Italie), 14, 124-126, 128.
Pavye, v. Pavie.
Paynelli (Philippe), 102.

Peletier : Janotin, 179 ; — Mathurin, 180.
Pelleguigne (Jehan), 108.
Penon, 61.
Penthièvre : duc de, 117 ; — régiment de. 117.
Peraton (Hugues), 176.
Perdriau, 59.
Peregort, v. Périgord.
Périgord, 163.
Périssé (seigneur de), 148, 150.
Peronnet (Guillaume), 45.
Perot, 137 ; — Laurent, 137.
Perrain (Guillaume), 62.
Perrault, v. Girard (Jehan).
Perrenelle, 59.
Perrete, 60.
Perrin (Jenyn), 85.
Perrot, 7, 47, 50.
Pescaire (marquis de), 124.
Peschart (J.), 76, 78.
Pesquère, v. Pescaire.
Pesré (Jehan), 31, 34.
Petit, v. Leberthon.
Peugibe. *cne de Liglet, con de la Trimouille, arr. de Montmorillon, Vienne,* 147.
Peugible, v. Peugibe.
Phelipard : Claude, 145 ; — Jean, 145 ; — Marguerite, 148.
Phelippot : G., 29 ; — Jehan, 56.
Philippard, Philippart, v. Phelipard.
Philippon (Jehan), 108, 180.
Philippot (Jacques), 173.

Puygirault (de) : Guy, 51 ; — Guyon, 48 ; — Jacques, 168 ; — Seguyn, 49-51.

Puygrimault, *cne de Senillé, con et* *arr. de Châtellerault, Vienne*, 68.

Puylouer (de) : Jacques, 170 ; — Jehan, 169.

Puyvert (de), Jehan, 168.

Q

Quatrehommes (Jénin), 6, 7, 25, 27-38, 44-58, 60-71, 84, 85, 87.
Quatrommes, v. Quatrehommes.
Quayray (de) : Guyon, 107.

Queray (de) : Constantin, 169.
Quersay (de) : Guyon, 169.
Quiuchamp, 30.

R

Rais, v. Rays.
Ralecte : Jehan, 165 ; — Anthoinecte, 165.
Rancé de Cerre, 125.
Raoulet (Jacques), 175.
Raslay (Jehan), 58.
Rasme (de) : Briand, 165.
Raveneau, v. Ravenel.
Ravenel (de) : 114, 116, 127, 130, 131, 146 ; — le chevalier de, 142 ; — N., 146 ; — Adam, 124, 127, 128 ; — Claude, 115, 117 ; — Florent, 115, 129 ; — Gabriel, 148 ; — Guillaume, 127 ; — Hector, 146 ; — Hugues, 114, 115 ; — Jacob, 147 ; — Jacques, 137, 148 ; — Jean ou Jehan, 114, 124, 127-129 ; — Louis, 146, 148 ; — Louis-Armand, 148 ; — Louis-Jacques, 115 ; — Martin, 116 ; — Pierre, 127 ; — Anne-Marie, 148 ; — Elisabeth, 148, 150 ; — Marguerite, 146 ; — Marie, 148 ; — Marie-Louise, 115.
Raynal de Lescure : Louise, 116 ; — Marie, 116.
Rayneval (de) : Raoulequin, 158.
Rayraut (Jacques), 164.
Rays (Sire de), 95.
Reaulie (de la) : Gilles, 76.
Rechinvoisin (de) : Antoine, 166 ; — Jehan, 166.
Redet, *cité*, 91, 96, 97, 120, 122, 140, 147.
Regnauldin (Jehan), 38 ; — Lucas, 30, 36, 40-44 ; — Marion, 42 ; — Laurence, 39.
Régné, *con de la Trimouille, arr. de*

Montmorillon, Vienne, 116, 120, 121, 123, 133, 148.
Regnec, Regner, Reigné, v. Régné.
Remigeoux, v. Remigioux.
Remigioux (de) : le sr, 133 ; — Jacques, 133 ; — Léonard, 133 ; Louise, 133 ; — Marie, 133.
Renart (Jehan), 178.
René, *con de Marolles, arr. de Mamers, Sarthe*, 5.
René (le roi), 11.
Renyer (Pierre), 172.
Repousson : Aymery, 163 ; — Mathurin, 163.
Rescaut (Loys), 164.
Resty : Guillaume, 177 ; — Jehan, 177.
Retail (du) : Cristin, 172.
Revenel (du) : Loys, 173.
Rez (de) : Robert, 102.
Rezay (de) : Thomas, 171.
Ribaud ou Ribault, 137 ; — A., 141 ; — Fleurent ou Florent, 142, 144, 146 ; — J., 141 ; — P., 141, — S., 141 ; — Siméon ou Simon; 136, 137, 139, 142.
Ricault, 127.
Richart : Jehan, 175 ; — Macé, 50.
Richelieu (le cardinal de), 131.
Richomme (P.), 76.
Richou : Jehan, 66.
Rideau (Jehan), 178.
Riffault (Pierre), 142.
Rivau (Antoine), 167.
Rivault (le), *cne et con de la Trimouille, arr. de Montmorillon, Vienne*, 141, 147, 148, 150.
Rivaux (le), v. Rivault (le).

S

Secondigné, c^{on} *de Brioux, arr. de Melle, Deux-Sèvres,* 154.
Segondigné, v. Secondigué.
Segrie (de) : Louis, 38 ; — Collette, 38.
Selle (de la) : Alix, 166.
Selles, *ch.-l. de c^{on}, arr. de Romorantin, Loir-et-Cher,* 29. 118, 119.
Senillé, *c^{on} et arr. de Châtellerault, Vienne,* 6, 7, 11, 28-44, 46, 58, 60, 62, 63, 65, 67-73, 82, 85.
Serans (le s^r de), 158.
Sermenton (Guillaume), 181.
Serus (de) (P.), 69.
Seuvrault (Colas), 27.
Sèvres (Deux-) (département des), 91.
Sicart (Archambault), 180.
Sidayne (Briand), 180.
Signaude (Marie), 66, 67.
Simart, v. Symart.

Soucheleau : P., 67 ; — Pierre, 26.
Sourches, c^{ne} *de Saint-Symphorien, c^{on} de Conlie, arr. du Mans, Sarthe,* 4-7, 9.
Souriau (Tevenin), 169.
Sovvon (Pierre), 65, 66.
Stellant (Marguerite), 148.
Strozzi (Camille), 159.
Stuart (Jean), 125.
Suffleau : G., 76 ; — Guillaume, 78.
Sully, *ch.-l. de c^{on}, arr. de Gien, Loiret,* 118 ; — Marie de, 118.
Suyre (G.), 27, 31, 50, 51, 54, 60, 62-64, 68, 70, 72.
Symarde, v. Symart.
Symarderie (la), 155.
Symart : Bernabé, 155 ; — Guillaume, 155, 156 ; — Guillemin, 156 ; — Perrin, 155 : — Berthomée, 155 ; — Jehanne, 155.

T

Taillepié (Guillaume), 107, 110.
Talmont, *ch.-l. de c^{on}, arr. des Sables-d'Olonne, Vendée,* 149.
Tarente : Italie ; — prince de, 142, 146, 149 ; — princesse de, 143.
Taunay (Herbert), 43.
Taveau (Geoffroy), 164 ; — Lyonnet, 164.
Teil (de) (Jehan), 175.
Tesser (Guillaume), 69.
Texere, v. Texier.
Texier : Collin, 62 ; — Jehan, 62 ; — Jehanne, 62 ; — Marion, 62 ; — Perrine, 62.
Thaumassière (la), *cité,* 114, 118, 125, 127, 133.
Thevenet (Georget), 71.
Thiac (de) (Aimery), 107.
Thibaud : Constantin, 174 ; — Jehan, 174 ; — Ythier, 175.
Thibaudeau, *cité,* 131.
Thomas (Pierre), 108.
Thors (de) (M.), 158.
Thouars, *ch.-l. de c^{on}, arr. de Bressuire, Deux-Sèvres,* 114, 115, 117, 124, 125, 128, 130, 131, 137, 142, 146, 149, 182.
Thouars (de) (Miles), 158.
Thuré, *c^{on} et arr. de Châtellerault, Vienne,* 11.
Thusson, v. Tusson.

Tillier (Gilles), 198.
Tioussac, v. Tussac.
Tizon (Pierre), 167.
Toelle, 123.
Tongrelou : Michel, 146 ; — Pyetre de, 172.
Tonnerre : *ch.-l. d'arr., Yonne ;* — comtesse de, 118.
Tour (de la) : Anne, 125 ; — Gabrielle, 124 ; — Jeanne, 61.
Tour (de la) d'Auvergne (Marie), 142.
Tour-d'Oiré (la), *cne d'Availles, con de Vouneuil-sur-Vienne, arr. de Châtellerault, Vienne,* 41.
Tourainne, 100, 105.
Tourneur (le) (Jehan), 74.
Tours, *ch.-l. de départ. Indre-et-Loire,* 153.
Touschart (François), 181.
Tousche (de la) (Symonnot), 174.
Toussaint en-Segrie, 6.
Trape (la), 127.
Tremeoille (la), v. Tremoille (la).
Tremoille (de la), 115, 126, 127, 140 ; — duc, *cité,* 124 ; — Mgr. 158 ; — Madame, 132 ; — Charles, 124, 142, 143 ; — Charles-Godefroy, 149 ; — Claude, 132, 136 ; — François, 114, 124, 126,

128 ; — Georges, 10, 118 ; — Guy, 118 ; — Henri, 115, 131, 136, 137, 142 ; — Louis, 114, 115, 124, 126-128.

Trémoille (la), *Trémouille (la)*, v. Trimouille (la).

Tremoye (la), v. Tremoille (de la).

Trenchans : Philippe, 102 ; — Pierre, 102.

Trimoille (la), v. Trimouille (la).

Trimouille (la), *ch.-l. de c., arr. de Montmorillon, Vienne*, 114-116, 120, 130-148 ; — auberges du Cheval-Blanc, 140 ; de l'Ecu-de-France, 140 ; — faubourgs de Gersant, 138, 140, 141 ; Saint-Jean, 138-140 ; — fief de Gersant, 120, 121, 133, 148 ; — moulins de la Font, 140 ; de Gersant, 133, 140 ; — porte de Gersant, 139, 141.

Troussanille (Jehan), 73, 74.

Trouvé : Guillaume, 118 ; — Jehan, 118, 119.

Tussac, *cne de Leigne, con de Chauvigny, arr. de Montmorillon, Vienne*, 125, 126.

Tusson, *con d'Aigre, arr. de Ruffec, Charente*, 153.

V

Vacher : Jean, 147 ; — Elisabeth, 132, 134.

Vachereau (Ph.), 33.

Vachier, v. Vacher.

Vairon, (Hillairet), 68.

Valençay, *ch.-l. de con, arr. de Châteauroux, Indre*, 127.

Valentinois (duchesse de), 124.

Vallans, *con de Frontenay-Rohan-Rohan, arr. de Niort, Deux-Sèvres*, 154.

Valory (de) (Louis), 11.

Varanne (la), *cne de Thuré, con et arr. de Châtellerault, Vienne*. 85.

Vareze (de) (Audebert), 107 ; — Brient, 107.

Varre (Mgr de), 127.

Vasselot (Joachin), 166.

Vasselote (Marye), 173.

Vaucler (de) (Thomas), 173.

Vaulin (G.), 59.

Vaulx (de) (Estienne), 169.

Vendée (département de la), 91.

Veniciens, v. Vénitiens.

Venise, Italie, 14.

Vénitiens, 125.

Verger (le), ou Vergier (le), *cne de Liglet, con de la Trimouille, arr. de Montmorillon, Vienne*, 147, 149.

Verneuil, 74.

Verneul, v. Verneuil.

Vernie, *con de Beaumont, arr. de Mamers, Sarthe*, 5.

Vernon (Jacques), 464.

Vernou : André, 176 : — Barthomé, 181.

Vezien (Jacques), 148 ; — Jean, 148, 149 ; — Mlle, 149 ; — Marie-Rose, 148.

Viault (Pierre), 183.

Vic (de) : Godemarc, 35, 38-40, 73 ; — Guillaume, 39, 43 ; — Simon, 37, 38, 40, 43-45, 73.

Vienne, Viennensis, v. Viennois.

Viennois (dauphin de), 98, 105, 112.

Vieulx (de) (Jacques), 176.

Vigeron (Jehan), 166, 168.

Vigier : Guyot, 465 ; — Jehan, 166.

Vignault (André), 171.

Vignaux (les), *cne de Leigné-les-Bois, con de Pleumartin, arr. de Châtellerault, Vienne*, 48.

Villain (Jean), 102.

Villaines-la-Juhel, *ch.-l. de con, arr. de Mayenne, Mayenne*, 4, 20.

Villani, v. Villain.

Villefagnan, *ch.-l. de con, arr. de Ruffec, Charente*, 153.

Villemort, *con de Saint-Savin, arr. de Montmorillon, Vienne*, 125, 127 ; — Francois de, 126.

Villequier (René de), 100.

Villesalem, *cne de Journet, con de la Trimouille, arr. de Montmorillon, Vienne*, 132, 134.

Villodier (de) : Jehan, 172.

Vincenoil (de) (Collas), 169.

Vincent (J.), 40.

Viollet le Duc, *cité*, 161, 162.

Vivonne, *ch.-l. de con, arr. de Poitiers, Vienne*, 166, 175, 180.

Vivonne (de) (Jehan), 167 ; — Re-

TABLE DES MATIÈRES

CONTENUES DANS CE VOLUME

Poitiers. — Société française d'imprimerie.

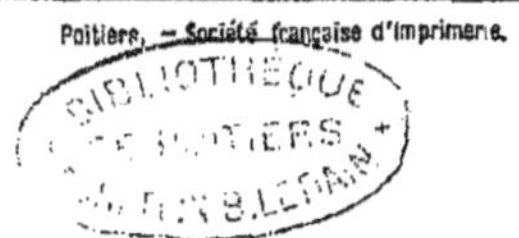